Reichsgerichts-Entscheidungen
in kurzen Auszügen

Zivilsachen — Band 157

1939

J. Schweitzer Verlag, Berlin und München

Reichsgerichts-Entscheidungen

in kurzen Auszügen

Zivilsachen Band 157

1 9 3 9

J. Schweitzer Verlag, Berlin und München

Printed in Germany

Druck von Dr. F. P. Datterer & Cie., Freising-München.

Von dieser Sammlung erschienen folgende Bändchen:

I. Zivilsachen:	Bd. 76—100	. . .	je RM.	0.80
	„ 101—140	. . .	je RM.	1.—
	„ 141—155	. . .	je RM.	2.—
Serien:	„ 76—155	mit 3 Reg.	zus. RM.	76.—
	„ 81—155	83—119 120—130	zus. RM.	71.—
	„ 91—155	131—140	zus. RM.	61.—
	„ 101—155		zus. RM.	53.—
	„ 111—155		zus. RM.	43.—
	„ 121—155	mit 4 Reg.	zus. RM.	33.—
	„ 131—155	mit 4 Reg.	zus. RM.	28.—
Gesamtregister zu	Bd. 83—119	. . . .	RM.	6.—
Gesamtregister zu	Bd. 120—130	. . . .	RM.	1.80
Gesamtregister zu	Bd. 131—140	. . . .	RM.	1.50
Gesamtregister zu	Bd. 141—150	. . . .	RM.	1.50
II. Strafsachen:	Bd. 45—55	. . .	je RM.	0.80
	„ 56—64	. . .	je RM.	1.—
	„ 65—71	. . .	je RM.	2.—
Serie: Bd. 45—71 mit Ges.-Reg. zu Bd. 45—60			zus. RM.	27.—
Gesamtregister zu	Band 45—60	. . . .	RM.	3.70

Jedes Bändchen entspricht einem Bande der amtlichen Sammlung.

1. Patentruhe. Vergleich. Gute Sitten. (BGB. §§ 138, 526.) Gegen ein Patent wurde Nichtigkeitsklage erhoben mit der Begründung, der Gegenstand der Erfindung sei vom Kläger schon vor der Patenterteilung offenkundig benutzt gewesen. Das Patentamt gab der Klage statt. Im Berufungsverfahren kam ein Vergleich zustande, demzufolge die Klage zurückgenommen wurde. Der Inhaber des Patents erhob nun gegen einen Fabrikanten, der die gleiche Ware herstellte, Klage auf Unterlassung und Schadenersatz. Der Beklagte erwiderte, der Kläger könne sich nicht auf den Patentschutz berufen, da er in dem früheren Verfahren die Zurücknahme der Klage wider besseres Wissen, insbesondere in voller Kenntnis der offenkundigen Vorbenutzung des Patentgegenstandes durch den damaligen Kläger, erschlichen und damit gegen die guten Sitten verstoßen habe. Das Berufungsgericht wies die Klage ab, indem es sich den Ausführungen des Beklagten anschloß. Das Reichsgericht verwies die Sache zurück. Die Sittenwidrigkeit des Verhaltens der Beteiligten im Nichtigkeitsstreit hatte das Berufungsgericht darin gefunden, daß sie den Fortbestand des Patents durch vergleichsweise bewilligte Zurücknahme der Klage vereinbarten, obwohl sie von dem bevorstehenden endgültigen Erfolg der Klage überzeugt waren. Das Reichsgericht erklärte, daß hiegegen Bedenken dann nicht geltend zu machen seien, wenn festgestellt werden könne, daß die Überzeugung der Beteiligten vom endgültigen Erfolg der Nichtigkeitsklage auf der übereinstimmenden Annahme beruhte, das Patent sei zu Unrecht erteilt worden, und daß diese Annahme auch wirklich richtig war. Wenn aber der Patentinhaber mit dem voraussichtlichen Erfolg der Nichtigkeitsklage nur deshalb rechnete, weil er glaubte, die Ausführungen des Klägers nicht widerlegen zu können, obwohl er an der Rechtsbeständigkeit seines Patents festhielt, konnte ein sittenwidriges Verhalten des Patentinhabers, der durch einen Vergleich aus seiner ungünstigen Lage noch möglichst viel zu retten suchte, nicht angenommen werden. Wenn die Klage nicht tatsächlich gerechtfertigt war, die Annahme der Parteien also auf einem Irrtum beruhte, handelten sie bei dem Vertragsschluß durchaus berechtigt; der erstrebte Rechtszustand stand mit der Rechtsordnung im Einklang. Einem solchen Vertrag kann lediglich wegen des nicht zu billigenden, aber irrtümlichen Beweggrunds die Rechtswirksamkeit nicht versagt werden; das überwiegende Interesse der Verkehrssicherheit muß hier den Vorrang vor der Berücksichtigung des unschädlich gebliebenen bösen Willens beanspruchen. (I, 8. Dezember 1937.) Amtl. Sammlg. S. 1—5.

Vgl. Bd. 138 S. 376; Bd. 140 S. 154.

2. **Lebensversicherung. Todesstrafe.** (VersVertrG. §§ 169, 170.) Eine Genossenschaft erhielt von einer Versicherungsanstalt ein Darlehen; die Tilgung sollte zum Teil in der Weise erfolgen, daß für Kinder der Mitglieder der Genossenschaft Lebensversicherungen bei der Versicherungsanstalt abgeschlossen wurden und daß die fällig werdenden Versicherungssummen auf das Darlehen angerechnet werden sollten. Einer der Versicherten wurde zum Tode verurteilt und hingerichtet. Die Versicherungsanstalt weigerte sich, die Versicherung auf das Darlehen anzurechnen. Die Klage der Genossenschaft gegen sie drang in allen Rechtszügen durch. Früher enthielten manche Versicherungsbedingungen die Bestimmung, daß der Versicherer im Falle des Todes des Versicherten infolge Vollstreckung der Todesstrafe von der Leistungspflicht frei werde. Damit war eine Ausnahme von der Regel geschaffen, daß bei der Lebensversicherung die Leistungspflicht der Versicherungseinrichtung mit dem Tode des Versicherten eintritt und daß Todesart und Todesursache dabei ohne Belang sind. Wenn später diese Bestimmung wegblieb, verzichteten die Versicherungseinrichtungen auf die Leistungsfreiheit in einem solchen Falle, und zwar aus der Erwägung, daß sie ihn wegen seiner Seltenheit unbedenklich in ihr Risiko aufnehmen konnten. Die Annahme, daß die Geltendmachung des Versicherungsanspruchs gegen Treu und Glauben verstoße, würde im Falle der Fremdversicherung zum mindesten zur Voraussetzung haben, daß der Versicherungsnehmer vorsätzlich und widerrechtlich die Hinrichtung des Versicherten mit herbeigeführt habe. Im vorliegenden Falle hatte aber die Klägerin mit der Verübung des Mordes durch den Versicherten nichts zu tun. (VII, 11. Januar 1939.) Amtl. Sammlg. S. 6—11.

3. **Körperverletzung. Fernwirkung. Seelische Einwirkung. Mitverschulden.** (BGB. §§ 254, 823, 844, 845, 846.) Ein junger Mann wurde durch einen Kraftwagen getötet. Seine Eltern klagten gegen den Halter des Wagens auf

Schadenersatz und verlangten dabei die Feststellung der Verpflichtung des Beklagten, den Schaden zu ersetzen, der ihnen infolge der seelischen Erschütterung an ihrer Gesundheit entstanden sei und noch entstehen werde. In zwei Rechtszügen drang die Klage durch. Das Reichsgericht verwies die Sache zurück. Der Beklagte hatte sich auf Mitverschulden des Getöteten berufen. Das Berufungsgericht hatte ein solches festgestellt und angenommen, daß dadurch sowohl der mittelbare Anspruch, der den Klägern nach § 844 BGB. zustand, als auch der unmittelbare Anspruch, den sie nach § 823 BGB. geltend machen konnten, beeinflußt werden könne. Diese Auffassung wurde vom Reichsgericht gebilligt. Die Erstreckung des § 823 BGB. auf andere als die in den §§ 844, 845 BGB. geregelten Fälle, in denen ein Dritter Schaden an seiner Gesundheit und damit Vermögensschaden erleidet infolge der seelischen Einwirkung, die er durch die körperliche Verletzung oder Tötung des von der unerlaubten Handlung unmittelbar Betroffenen erfährt, war im Bürgerlichen Gesetzbuch nicht ausdrücklich vorgesehen, wurde vielmehr erst im Laufe der Zeit von der Rechtsprechung durch ausdehnende Auslegung des Begriffs des ursächlichen Zusammenhangs herbeigeführt. Es entspricht dem Sinne des Gesetzes und der Billigkeit, diese ausdehnende Auslegung nicht schrankenlos, sondern nur mit der Einschränkung anzuwenden, die nach § 846 BGB. für die Fälle einer mittelbaren Schädigung gilt. Müßte der Schädiger dem durch die Fernwirkung Geschädigten, den selbst kein Mitverschulden trifft, den ganzen Schaden ersetzen, so bliebe ihm nur die Möglichkeit, gegen den unmittelbar Verletzten, der zufolge seines Mitverschuldens für den Schaden haftete, oder im Falle der Tötung gegen dessen Erben einen Ausgleichsanspruch zu erheben. Das würde in den Fällen, in denen der Verletzte nicht zahlungsfähig oder (im Falle seiner Tötung) kein Nachlaß zur Deckung des Ausgleichsanspruchs vorhanden wäre, dem Ausgleichsberechtigten nichts nützen. In den Fällen, in denen ein ausreichender Nachlaß vorhanden wäre, könnte es dazu führen, daß die nicht durch Fernwirkung geschädigten Hinterbliebenen bei überwiegendem eigenen Verschulden des Getöteten nicht nur keine Ansprüche auf Schadenersatz erheben könnten, sondern auch als Erben des Getöteten im Ausgleichswege ihre Erbteile

hergeben müßten, um den Schaden des mittelbar durch Fernwirkung Geschädigten zu decken, mag dieser nun selbst zu den Hinterbliebenen gehören oder nicht. (VI, 15. Januar 1938.) Amtl. Sammlg. S. 11—14.
Vgl. Bd. 81 S. 15.

4. Arrest. Schadenersatz. Verjährung. Unzulässige Rechtsausübung. (BGB. §§ 242, 852; ZPO. § 945.) Während eines Rechtsstreits wurde dinglicher Arrest beantragt; er wurde gegen Leistung einer Sicherheit bewilligt. Die Klage wurde abgewiesen. Nun erhob der Beklagte seinerseits Klage auf Schadenersatz. Das Berufungsgericht wies sie wegen Verjährung ab. Das Reichsgericht verwies die Sache zurück. Die Entscheidung hing davon ab, ob die Verjährung des Anspruchs aus § 945 ZPO. in einem Zeitpunkt begonnen hatte, der länger als die Verjährungsfrist vor der Klagerhebung lag, und ob einer Geltendmachung der darnach durchgreifenden Verjährung der Einwand der unzulässigen Rechtsausübung entgegenstand. Der Anspruch aus § 945 ZPO. ist dem Wesen nach ein Anspruch aus Gefährdungshaftung. Der Arrestgläubiger vollzieht auf seine Gefahr eine gerichtliche Anordnung, die nur auf Grund vorläufiger, mit beschränkten Mitteln vorgenommener Prüfung erlassen ist. Deshalb muß er dafür einstehen und Schadenersatz leisten, wenn die Anordnung wieder aufgehoben wird. Der Anspruch erwächst also aus unerlaubter Handlung im weiteren Sinne, wenn auch dem Vorgehen des Gläubigers zunächst eine gerichtliche Anordnung zugrunde liegt. Deshalb ist auf ihn die Verjährungsvorschrift des § 852 BGB. anzuwenden. Die Verjährung beginnt in dem Augenblick, in dem der Verletzte von dem Schaden und der Person des Ersatzpflichtigen Kenntnis erhält. Diese Kenntnis ist nach der Rechtsprechung vorhanden, wenn der Geschädigte auf Grund der ihm bekannten Tatsachen gegen eine bestimmte Person eine Schadenersatzklage, sei es auch nur eine Feststellungsklage, mit einigermaßen sicherer Aussicht auf Erfolg erheben kann. Für die Klage aus § 945 ZPO. ist nicht erforderlich, daß der Arrestbefehl im Arrestverfahren aufgehoben oder daß über den Hauptanspruch in einem besonderen Rechtsstreit entschieden worden ist; diese Fragen sind, wenn sie in anderen Verfahren nicht erörtert sind, im Schadenersatzprozeß selbständig zu prüfen und zu entscheiden. Die

Verjährung wird durch das Schweben des Rechtsstreits über die Hauptsache nicht gehemmt. Ist allerdings die Sachlage wegen der Zweifelhaftigkeit, sei es der tatsächlichen Verhältnisse, sei es der rechtlichen Grundlage des Hauptanspruchs so, daß keine einigermaßen sichere Erfolgsaussicht für den Schadensersatzprozeß besteht, so kann die Verjährung nicht beginnen, bis diese Zweifel in ausreichender Weise gelöst sind. Das braucht nicht erst mit der endgültigen Entscheidung des Rechtsstreits über die Hauptsache einzusetzen; vielmehr wird unter Umständen schon nach Erlaß des Urteils im ersten Rechtszug oder schon nach einer Beweisaufnahme mit klarem Ergebnis dem Geschädigten die Erhebung der Schadensersatzklage zuzumuten sein. Der Einrede der Verjährung war entgegengehalten worden, daß es wider Treu und Glauben verstoße, wenn nunmehr der Beklagte behaupte, der Kläger habe das Nichtbestehen des im Rechtsstreit über die Hauptsache verfolgten Anspruchs gekannt, während er doch selbst in diesem Rechtsstreit das Bestehen des Anspruchs behauptet hatte. Das Reichsgericht erklärte, daß in einem solchen Verhalten nicht immer eine unzulässige Rechtsausübung gefunden werden könne. Es gibt Fälle, in denen die Sachlage in hohem Maße für den Gläubiger spricht, die Durchführung des Anspruchs aber doch an der Unmöglichkeit vollen Beweises scheitert; hier kann man dem Gläubiger nicht Verletzung von Treu und Glauben vorwerfen, wenn er sich nun wenigstens gegen Schadenersatzansprüche, die der Gegner auf das Nichtbestehen des Hauptanspruchs gründet, mit allen Mitteln wehrt. Aber auch wenn man den Einwand der unzulässigen Rechtsausübung zuläßt, kann das nicht dazu führen, die Verjährung erst mit der Beendigung des Rechtsstreits über die Hauptsache beginnen zu lassen; vielmehr wird in solchen Fällen nur anzunehmen sein, daß sie um eine angemessene, nach Treu und Glauben zu bemessende Zeit hinausgeschoben wird. (VI, 15. Januar 1938.)

Amtl. Sammlg. S. 14—22.

Vgl. Bd. 74 S. 249; Bd. 78 S. 207; Bd. 104 S. 250; Bd. 106 S. 289; Bd. 113 S. 134; Bd. 115 S. 135; Bd. 142 S. 280, 348; Bd. 144 S. 378; Bd. 145 S. 239; Bd. 149 S. 321; Bd. 152 S. 147; Bd. 153 S. 101; JW. 1913 S. 139; 1933 S. 1058, 2057.

5. Antragsgrundsatz. Berufung. (ZPO. §§ 308, 521.) Die Witwe eines durch einen Kraftwagenunfall getöteten Mannes klagte auf Schadenersatz. Das Landgericht sprach ihr eine höhere Rente zu, als sie verlangt hatte. Beide Teile legten Berufung ein; die Klägerin beantragte lediglich, die Berufung der Beklagten zurückzuweisen. Das Berufungsgericht setzte die Rente herab, ging aber immer noch über den Betrag hinaus, den die Klägerin vor dem Landgericht verlangt hatte. Das Reichsgericht erklärte das für zulässig. Durch den Antrag auf Zurückweisung der Berufung der Beklagten hatte die Klägerin ihren ursprünglichen Klagantrag erhöht. Ihre Absicht war, zu behalten, was ihr durch das Urteil des Landgerichts zugesprochen worden war. An der früher vertretenen Auffassung, daß sie das ausdrücklich hätte beantragen müssen, hielt das Reichsgericht nicht mehr fest. Daß die Beklagten eine Rüge wegen Verstoßes gegen den Antragsgrundsatz nicht erhoben hatten, machte nichts aus, da ein solcher Verstoß von Amts wegen zu beachten ist. (VI, 26. Januar 1938.) Amtl. Sammlg. S. 23—24.

Vgl. Bd. 110 S. 150; Bd. 156 S. 372.

6. Hypothek. Rangrücktritt. Geschäft mit sich selbst. (BGB. §§ 181, 877, 879, 880; GBO. § 79.) Auf einem Grundstück lag eine Hypothek zugunsten einer G.m.b.H. Der Eigentümer des Grundstücks war Geschäftsführer der G.m.b.H. Er erklärte in dieser Eigenschaft, daß er einer Grundschuld der Stadtsparkasse den Vorrang einräume, weiter in der Eigenschaft als Eigentümer des Grundstücks, daß er die Eintragung der neuen Grundschuld bewillige und beantrage und daß er der Rangänderung zustimme. Das Grundbuchamt lehnte die Eintragung ab und verlangte den Nachweis, daß die G.m.b.H. ihren Geschäftsführer in Ansehung der Vorrangeinräumung von der Vorschrift des § 181 BGB. befreit habe. Das Landgericht wies die Beschwerde zurück. Das Kammergericht wollte die weitere Beschwerde ebenfalls zurückweisen, legte aber wegen entgegenstehender Beschlüsse des Reichsgerichts und des Bayerischen Obersten Landesgerichts die Sache dem Reichsgericht vor. Dieses wies das Grundbuchamt an, von einer Beanstandung der Eintragungsanträge abzusehen. Der Rücktritt einer schon bestehenden Hypothek hinter eine gleichzeitig einzutragende neue Hypothek steht der Änderung des Rangverhältnisses zwischen zwei schon eingetragenen Hypotheken gleich und fällt also unter § 880 BGB. Der gesunde Menschenverstand kann keinen durchschlagenden Grund dafür finden, daß eine Vorrangseinräumung, die sich gleichzeitig mit der Eintragung des vortretenden Rechts vollziehen soll, rechtlich anders behandelt werden müßte als eine Vorrangseinräumung, die später, vielleicht unmittelbar nachher, zwischen den gleichen Rechten vollzogen werden soll. Das Kammergericht hat diese Auffassung in ständiger Rechtsprechung festgehalten; das Reichsgericht hat sich ihr nunmehr angeschlossen. Zu dem Rücktritt ist die Zustimmung des Eigentümers des Grundstücks erforderlich; diese ist dem Grundbuchamt oder einem der Beteiligten gegenüber zu erklären. Im vorliegenden Falle war sie dem Grundbuchamt gegenüber erklärt worden; rein äußerlich lag also nicht der Abschluß eines Rechtsgeschäfts mit sich selbst vor. Das Kammergericht hatte gleichwohl das Verbot des Handelns mit sich selbst auch auf diesen Fall angewendet, indem es annahm, daß auch hier die Gefahr eines Widerstreits der Interessen und einer Schädigung des einen oder anderen Teils gegeben sei. Das Reichsgericht hob hervor, daß es sich um zwei rechtlich selbständige Willenserklärungen handle: die Einigung der beiden Gläubiger auf der einen, die Zustimmung des Eigentümers auf der anderen Seite. Diese Zustimmung hätte im gegebenen Falle der Eigentümer allerdings nicht gegenüber der zurücktretenden Gläubigerin erklären können, weil er deren Geschäftsführer war; der Erklärung gegenüber dem Grundbuchamt stand aber nichts im Wege. Das Bedenken des Kammergerichts ging über das Gesetz hinaus. Das Verbot des Selbstabschließens darf nicht erstreckt werden auf Fälle, in denen der Vertreter überhaupt nicht mit sich selbst abgeschlossen hat. (V, 27. Januar 1938.)

Amtl. Sammlg. S. 24—33.

Vgl. Bd. 68 S. 175; Bd. 69 S. 327; Bd. 76 S. 89; Bd. 86 S. 221; Bd. 103 S. 417; Bd. 108 S. 407; Bd. 127 S. 105; Bd. 128 S. 276; Bd. 143 S. 54; JW. 1931 S. 2229.

7. Erbengemeinschaft. Notwendige Streitgenossenschaft. (BGB. §§ 2033, 2040, 2059; ZPO. § 62.) Auf einem Haus lag eine Hypothek, die der Eigentümer zugunsten seiner Ehefrau hatte eintragen lassen. Nach dem Tode des Eigentümers trat die Frau die Hypothek an eine Bank ab. Diese klagte gegen die Erben (Ehefrau und 4 Kinder) auf Duldung der Zwangsvollstreckung in das Grundstück. Auf die Klage ließen sich nur zwei Erben ein. Das Landgericht nahm notwendige Streitgenossenschaft an und gab der Klage in der Richtung gegen alle Beklagten teilweise statt. Die Klägerin und die beiden Erben, die sich auf die Klage eingelassen hatten, legten Berufung ein. Das Berufungsgericht verwarf die Berufung der Erben und sprach der Klägerin einen höheren Betrag als das Landgericht zu. Gegen dieses Urteil legten außer den bisher vertretenen Erben zwei weitere Erben Revision ein. Sie hatte keinen Erfolg. Auf der Seite der Beklagten lag eine notwendige Streitgenossenschaft vor, da sich die Klage gegen die Gesamtheit der Erben richtete und auf Duldung der Zwangsvollstreckung aus einer Hypothek auf einem zum ungeteilten Nachlaß gehörigen Grundstück abzielte; die begehrte Duldung war sachlich einer Verfügung über einen Gegenstand des ungeteilten Nachlasses gleichzustellen, die von allen Miterben nur gemeinsam getroffen werden konnte. Das Sachverhältnis ließ also gegenüber allen Miterben nur eine einheitliche Entscheidung zu. Das Bestehen einer notwendigen Streitgenossenschaft hindert aber nicht, daß einzelne Streitgenossen des Rechtsmittels gegen eine Entscheidung durch Versäumung der Rechtsmittelfrist verloren gehen; diese Frist läuft auch bei der notwendigen Streitgenossenschaft gegen jeden einzelnen Streitgenossen gesondert. Die beiden Erben, die sich schon im ersten Rechtszug auf die Klage eingelassen hatten, hatten die Revisionsfrist versäumt; ihre Revision war also als unzulässig zu verwerfen. Hinsichtlich der beiden Erben, die erst im dritten Rechtszug sich auf die Klage eingelassen hatten, ergab sich die Frage, ob für sie nicht schon im zweiten Rechtszug ein Rechtsmittelverlust eingetreten war. Die Frage brauchte aber nicht entschieden zu werden, weil auf die Berufung der Klägerin das Urteil des Landgerichts zuungunsten der Beklagten abgeändert worden war, also allen Streitgenossen die Möglichkeit der Anfechtung des Urteils gegeben sein mußte. Die von oder gegenüber einzelnen Streitgenossen bewirkten Urteilszustellungen wirken nicht auch für die anderen Streitgenossen; jeder Streitgenosse ist vielmehr in der Anfechtung des Urteils oder in der Verteidigung auf die vom Gegner erklärte Anfechtung insofern selbständig, als es in seiner Hand liegt, ob er die Anfechtung erklären oder sich auf die Anfechtung des Gegners einlassen will. Es liegt namentlich in seiner Hand, ob er die gegen ihn laufende Rechtsmittelfrist wahren oder ungenutzt verstreichen lassen will. Deshalb ist es möglich, daß für ihn das Urteil unanfechtbar durch eigenes Rechtsmittel wird, während die anderen Streitgenossen durch rechtzeitige Einlegung eines Rechtsmittels sich den Anspruch auf eine Nachprüfung der ihnen ungünstigen Entscheidung sichern. Nur insoweit findet in der Wahrung der Rechtsmittelfrist eine Vertretung der untätigen Streitgenossen durch die tätigen statt, als der Lauf der von den untätigen Streitgenossen zu wahrenden Rechtsmittelfrist in den Lauf der von den tätigen gewahrten Frist fällt. Insofern wirkt allerdings die Vertretung durch den tätigen Streitgenossen für und gegen den untätigen sogar ohne Rücksicht darauf, ob sie von dem Handelnden mit oder ohne Vertretungswillen vorgenommen oder ob von dem säumigen Streitgenossen ein widerstreitendes Verhalten beobachtet worden ist. Damit ist die Auffassung unvereinbar, daß die säumigen Streitgenossen es in der Hand haben sollen, durch Verstreichenlassen der gegen sie laufenden Rechtsmittelfrist oder durch Verzicht auf das Rechtsmittel den anderen Streitgenossen die Weiterverfolgung ihrer Rechte unmöglich zu machen. Scheidet ein Streitgenosse durch Rechtsmittelverlust aus dem Rechtsstreit aus, so bleibt ihm als notwendigen Streitgenossen immer noch das Recht, sich an dem Rechtsmittel der anderen Streitgenossen zu beteiligen; er ist also auch weiterhin zu dem Verfahren zuzuziehen. Die Rechtskraft der Entscheidung bleibt so lang in Schwebe, als sie von einem der Streitgenossen noch angefochten werden kann. Die neue Entscheidung äußert ihre Wirkung auch für und gegen die Streitgenossen, die des Rechtsmittels gegen die abgeänderte Entscheidung verlustig gegangen, aber als Streitgenossen Teilnehmer des Rechtsstreits geblieben sind. Die Revision der beiden neu eingetretenen Erben wurde aus sachlichen Gründen abgewiesen; diese sind nicht veröffentlicht. (V, 31. Januar 1938.) Amtl. Sammlg. S. 33—40. Vgl. Bd. 48 S. 47; Bd. 68 S. 221; Bd. 71 S. 370; Bd. 76

S. 298; Bd. 90 S. 46; Bd. 93 S. 292; Bd. 96 S. 48; JW. 1931 S. 3541.

8. **Zubehör. Sicherungsübereignung. Anschlußkonkurs.** (BGB. §§ 97, 98, 281, 687, 823, 930, 1120, 1121, 1147, 1192; ZPO. § 865; ZVG. § 20; KO. §§ 117, 127, 140; VerglO. 1927 §§ 83—87.) Zu einer Fabrik gehörte eine Anlage zur Herstellung von Sauerstoff, die sich auf einem gemieteten Mühlengrundstück befand; der Sauerstoff wurde ursprünglich nur in der Fabrik verwendet, später aber auch verkauft. Über das Vermögen der Eigentümerin der Fabrik wurde das Vergleichsverfahren eröffnet. Während des Verfahrens veräußerte die Eigentümerin mit Zustimmung der Vertrauensperson die Sauerstoffanlage an eine Bank zur Sicherung eines Darlehens von 12000 *RM*; die Übergabe der Gegenstände wurde dadurch ersetzt, daß diese der Schuldnerin zur Fortführung ihres Betriebs belassen wurden. Im Vergleich übereignete die Schuldnerin ihr ganzes pfändbares Vermögen der Vertrauensperson als Treuhänder zur Verwertung und Verteilung des Erlöses an die Gläubiger. Der Treuhänder verkaufte die Sauerstoffanlage. Die Kreissparkasse, zu deren Gunsten eine Briefgrundschuld auf dem Grundbesitz der Schuldnerin eingetragen war, erwirkte eine einstweilige Verfügung, wodurch dem Treuhänder die Erfüllung des Kaufvertrags verboten wurde; auf ihren Antrag wurde über das Vermögen der Schuldnerin der Konkurs eröffnet. Die Darlehensforderung der Bank mit 12000 *RM* wurde anerkannt, ebenso das Absonderungsrecht der Gläubigerin an der Sauerstoffanlage. Der Konkursverwalter verkaufte das ganze Fabrikanwesen einschließlich der Sauerstoffanlage, wies aber den Käufer auf das Eigentum der Bank hin. Nachträglich klagte die Bank gegen den Konkursverwalter auf Zahlung von 12000 *RM* nebst Zinsen; sie begründete den Anspruch damit, daß der Konkursverwalter die Sauerstoffanlage unter ihrem Wert verkauft habe. In allen Rechtszügen wurde die Klage abgewiesen. Auf den vom Beklagten bei dem Verkauf der Sauerstoffanlage erzielten Erlös hatte die Klägerin keinen Anspruch, weil die Anlage nicht nach den Vorschriften über die Zwangsvollstreckung oder den Pfandverkauf, sondern freihändig verkauft worden war; da der Käufer auf das **Eigentumsrecht der Klägerin hingewiesen worden war,**

hatte dieses auch durch die Veräußerung keine Beeinträchtigung erfahren. Die Klägerin konnte sich also nach wie vor an die Anlage halten und im Konkurs ihre Ausfallforderung geltend machen. Es konnte darum nicht gesagt werden, daß die Verwirklichung des Anspruchs der Klägerin durch den Verkauf unmöglich gemacht worden war und daß sie demgemäß einen Anspruch auf den Erlös hatte. Zwischen der Klägerin und dem beklagten Konkursverwalter hatte in Ansehung der zur Sicherung übereigneten Gegenstände kein Schuldverhältnis bestanden; die Klägerin konnte nur die Herausgabe dieser Gegenstände zum Zwecke abgesonderter Befriedigung verlangen. Mit der Beendigung des Besitzes des Konkursverwalters an der Sauerstoffanlage war das dingliche Verpflichtungsverhältnis zwischen der Klägerin und dem Konkursverwalter überhaupt erloschen; für eine Anwendung des § 281 BGB. war kein Raum. Das Absonderungsrecht der Klägerin stand aber hinter dem der Grundschuldgläubiger zurück, da die Sauerstoffanlage Zubehör des Fabrikgrundstücks war. Dem stand nicht entgegen, daß sie sich nicht auf dem Grundstück befand; die geringe Entfernung (etwa 1 Kilometer) des Grundstücks, auf dem sie untergebracht war, von dem Fabrikgrundstück war in Anbetracht des Verwendungszwecks und der bestimmungsgemäßen und für die Fabrik nutzbringenden tatsächlichen Verwendung der Anlage unschädlich. Auch die Veräußerung von Sauerstoff hob die Zubehöreigenschaft der Anlage nicht notwendig auf; insbesondere konnte die einmal begründete Rechtsstellung der Grundstücksgläubiger mit Bezug auf die Haftung der Anlage für ihre Rechte dadurch nicht berührt werden. Die Klägerin hatte die Auffassung vertreten, zur Begründung eines Anspruchs aus Schadenzufügung genüge es, daß sie durch den Verkauf der Sauerstoffanlage den mittelbaren Besitz und damit die Möglichkeit verloren habe, auf dem in § 127 KO. vorgesehenen Wege (Zwangsvollstreckung oder Pfandverkauf) in den Besitz des Erlöses zu gelangen. Die Klägerin hätte aber in jedem Falle, um eine Möglichkeit der Befriedigung aus der Sauerstoffanlage überhaupt zu gewinnen, erst die ihr im Range vorgehenden Grundschuldgläubiger befriedigen müssen. Das Berufungsgericht hatte zudem angenommen, daß bei gesondertem Verkauf der Sauerstoffanlage kein höherer

Preis zu erzielen gewesen wäre; an diese tatrichterliche Würdigung war das Reichsgericht gebunden. Endlich hatte sich die Klägerin auf § 86 der Vergleichsordnung von 1927 berufen und verlangt, daß ihre Forderung als Masseschuld anerkannt werde. Dem stand entgegen, daß es sich nicht um einen Anschlußkonkurs im Sinne dieser Vorschrift handelte. Das Vergleichsverfahren hatte mit einem Abwicklungsvergleich geendet und war infolgedessen aufgehoben worden; erst mehrere Monate später wurde der Konkurs eröffnet. (VII, 1. Februar 1938.)

Amtl. Sammlg. S. 40—51.

Vgl. Bd. 47 S. 197; Bd. 55 S. 281; Bd. 87 S. 43; Bd. 99 S. 70; Bd. 115 S. 31; Bd. 120 S. 297, 347; Bd. 143 S. 374.

9. **Gesellschaft mit beschränkter Haftung. Anteilsverpfändung. Stimmrechtsübertragung. Anfechtung.** (BGB. §§ 123, 144; GmbHG. §§ 15, 16, 47.) J. und S. waren Geschäftsführer und Gesellschafter einer G.m.b.H.; L. hatte einen Geschäftsanteil von 13000 *RM*. Hiervon trat er 7000 *RM* an J. und 6000 *RM* an S. ab; diese verpfändeten die abgetretenen Anteile wieder an L. und übertrugen ihm später auch das Stimmrecht dafür. Auf Antrag des L. wurde eine außerordentliche Gesellschafterversammlung einberufen. In dieser erschienen nur J. und S.; L. ließ sich durch S. vertreten. Mit den Stimmen des S. und L. wurde gegen die Stimme des J. beschlossen, diesen als Geschäftsführer abzuberufen. J. klagte gegen die G.m.b.H. auf Feststellung der Nichtigkeit dieses Beschlusses. Das Berufungsgericht wies die Klage ab. Die Revision des Klägers hatte keinen Erfolg. Durch die Verpfändung des Geschäftsanteils einer G.m.b.H. erlangt der Pfandgläubiger noch nicht das Stimmrecht. Das Pfandrecht gibt dem Pfandgläubiger nur das Recht, aus dem verpfändeten Gegenstand nach den hierfür geltenden gesetzlichen Vorschriften Befriedigung für seine Forderung zu suchen; es verschafft ihm kein Mitbenutzungsrecht und kein Mitverwaltungsrecht. Das schließt aber nicht aus, daß dem Pfandgläubiger das Stimmrecht durch eine besondere Regelung übertragen wird. Der Auffassung, daß dies nur im Wege einer besonderen, jederzeit widerruflichen Vollmacht geschehen könne, trat das Reichsgericht nicht bei. Beschränkungen in der Ausübung des Stimmrechts, die

zwischen den Beteiligten vereinbart werden, können sich nicht im Verhältnis zur Gesellschaft auswirken; die Rechtssicherheit erfordert es, daß volle Klarheit herrscht und daß das Stimmrecht bedingungslos und in vollem Umfang übertragen wird. Es war auch zulässig, daß L. mit dem ihm vom Kläger verpfändeten Geschäftsanteil anders stimmte als der Kläger mit seinem restlichen Geschäftsanteil. Allerdings stimmen bei der G.m.b.H. die Gesellschafter und nicht die Geschäftsanteile. Grundsätzlich kann daher ein Gesellschafter zu einem Punkt nicht teils dafür und teils dagegen stimmen, selbst dann nicht, wenn er mehrere Geschäftsanteile besitzt. Der Grundsatz der einheitlichen Stimmabgabe kann aber nur soweit gelten, als dem Gesellschafter das Stimmrecht auch einheitlich zusteht. Hat der Gesellschafter sein Stimmrecht einem Pfandgläubiger übertragen, so übt dieser das Stimmrecht unabhängig von ihm aus. Der Kläger hatte weiter ausgeführt, S. habe ihn veranlaßt, das Stimmrecht auf L. zu übertragen, indem er ihm arglistig versicherte, daß nichts gegen ihn unternommen würde; in Wirklichkeit habe er schon damals vorgehabt, sich zum alleinigen Geschäftsführer zu machen. Das Berufungsgericht war auf diese Behauptungen, für die Beweis angeboten war, nicht eingegangen. Das Reichsgericht billigte das. J. hatte alsbald nach der Gesellschafterversammlung die Übertragung des Stimmrechts wegen arglistiger Täuschung angefochten. Auch wenn diese Anfechtung begründet war, machte sie den Beschluß der Gesellschafterversammlung nicht unwirksam. Hier ist wieder der Grundsatz zu beachten, daß der Gesellschaft gegenüber zur Wahrung der Rechtssicherheit volle Klarheit herrschen muß, wem das Stimmrecht zusteht und wer zu seiner Ausübung berechtigt ist. Im Falle der Veräußerung eines Geschäftsanteils gilt der Gesellschaft gegenüber nur der als Erwerber, dessen Erwerb unter Nachweis des Übergangs bei der Gesellschaft angemeldet ist; der Anmeldung bedarf es nur dann nicht, wenn der Geschäftsführer selbst veräußert hat, sei es im eigenen Namen, sei es als Vertreter. Für die Übertragung des Stimmrechts muß das gleiche gelten. Wenn die Übertragung wegen eines Willensmangels angefochten wird, kann zwar die Anmeldung unter Nachweis der Anfechtung zurückgezogen werden; die Gesellschaft ist aber bis dahin wegen der Rechtshandlungen des angemeldeten Erwerbers geschützt. Für den vorliegenden Fall kam das nicht in Frage, weil es einer Anmeldung nicht bedurfte. Der Kläger hatte auch sein Anfechtungsrecht dadurch wieder verloren, daß sein Verhalten bei und nach der Abstimmung mit dem Willen unvereinbar war, die Übertragung des Stimmrechts auf L. als nichtig zu behandeln. (II, 2. Februar 1938.) Amtl. Sammlg. S. 52—60.

Vgl. Bd. 145 S. 99; JW. 1934 S. 2906.

10. **Aktiengesellschaft. Anfechtungsklage. Streitwert.** (AktG. §§ 199, 201.) Eine Aktiengesellschaft besaß 95% der Aktien einer anderen Aktiengesellschaft; beide betrieben Versicherungsgeschäfte. Die zweite Gesellschaft ermächtigte durch einen Beschluß ihrer Generalversammlung ihren Vorstand, ihren gesamten Versicherungsbestand auf einen Versicherungsverein auf Gegenseitigkeit zu übertragen. Das geschah; als Kaufpreis wurde 1 Million Reichsmark vereinbart. Die zweite Gesellschaft übertrug dann ihr ganzes Vermögen auf die erste Gesellschaft; die Minderheitsaktionäre sollten mit 140% des Nennbetrags ihrer Aktien abgefunden werden. Ein Aktionär war hiermit nicht zufrieden und behauptete, der Versicherungsbestand der zweiten Aktiengesellschaft sei viel zu billig abgegeben worden. Er erhob Anfechtungsklage gegen den Beschluß, durch den dem Vorstand und Aufsichtsrat der zweiten Gesellschaft Entlastung erteilt worden war. Er machte geltend, die Beklagte habe mit ihrer großen Mehrheit bei der Abstimmung sittenwidrig zum Nachteil der Minderheitaktionäre gehandelt, um diesen den Anspruch auf eine höhere Abfindung abzuschneiden. In zwei Rechtszügen wurde die Klage abgewiesen. Das Berufungsgericht hatte den Streitwert auf 18000 *RM* angesetzt. Die beklagte Aktiengesellschaft beantragte, den Streitwert für den zweiten und dritten Rechtszug auf 200000 *RM* festzusetzen. Das Reichsgericht trat der Bemessung des Berufungsgerichts bei. Der Streitwert ist nach den gesamten Verhältnissen unter Berücksichtigung des Interesses der Gesellschaft an der Aufrechterhaltung des angefochtenen Beschlusses zu bestimmen. Die beklagte Gesellschaft hatte ein Interesse an der Aufrechterhaltung des Entlastungsbeschlusses wegen des ihr drohenden Verlangens einer höheren Abfindung der Kleinaktionäre, die sie zufolge der Übertragung des

Vermögens der umgewandelten Gesellschaft auf sie abzufinden hatte. Die Vorschrift, daß in einem solchen Falle das Interesse der Gesellschaft zu berücksichtigen ist, hat dagegen nur das Interesse der Gesellschaft im Auge, deren Hauptversammlungsbeschluß angefochten wird; hiernach war das Interesse der beklagten Gesellschaft nur insoweit von Bedeutung, als es sich aus ihrer Eigenschaft als Rechtsnachfolgerin der umgewandelten Gesellschaft ergab. Dieses Interesse konnte aber nur ganz gering sein. Falls ihr Rückgriffsansprüche gegen Vorstand und Aufsichtsrat der umgewandelten Gesellschaft zustanden, hatte sie ein Interesse an Beseitigung des Beschlusses; wenn aber solche Ansprüche nicht in Frage kamen, wurde durch einen Erfolg der Anfechtungsklage an der Rechtslage ebensowenig etwas geändert wie durch ihre Abweisung. Wenn auch berücksichtigt wurde, daß die gegenwärtige Klage nur der Vorbereitung eines von den Kleinaktionären geltend zu machenden weiteren Abfindungsanspruchs diente, der seinerseits wieder das Bestehen eines Rückgriffsanspruchs der umgewandelten Gesellschaft und der beklagten Gesellschaft als deren Rechtsnachfolgerin zur Voraussetzung hatte, kam doch in Betracht, daß über diese weiteren Ansprüche mit der gegenwärtigen Klage keineswegs entschieden wurde. (II, 26. Februar 1938.)

Amtl. Sammlg. S. 61—64.

11. Ehescheidung. Mitschuld. (BGB. §§ 1573, 1574.) Das Berufungsgericht hatte eine Ehe auf die Klage der Frau hin geschieden, beide Teile aber für schuldig erklärt. Auf die Revision der Frau wurde die Ehe aus Alleinverschulden des Mannes geschieden. Der Frau waren Ehewidrigkeiten nach dem letzten Geschlechtsverkehr zwischen den Parteien nicht nachgewiesen worden; anderseits reichten aber auch die Ehewidrigkeiten, die der Mann sich nach diesem Zeitpunkt hatte zuschulden kommen lassen, als Scheidungsgrund nicht hin, so daß Vorkommnisse aus früherer Zeit in Betracht gezogen werden mußten. Als Folge hievon war auch das frühere Verhalten der Frau berücksichtigt worden. Das erklärte das Reichsgericht für unzulässig. Die gegenteilige Auffassung älterer Urteile des Reichsgerichts wurde nicht mehr festgehalten. (IV, 10. Februar 1938.) Amtl. Sammlg. S. 65—67.

Vgl. Bd. 104 S. 88.

12. Versicherung. Typische Bedingung. Vertragsauslegung. Treu und Glauben. Arglist. Verwirkung. (Vers.-VertrG. § 6; BGB. §§ 157, 242.) Eine Wäschefabrik war gegen alle Gefahren bis zur Höhe von 100000 RM versichert. Sie verlangte Entschädigung für einen Einbruchdiebstahl und berechnete ihren Schaden auf 42000 RM. Das Berufungsgericht wies die Klage ab. Das Reichsgericht verwies die Sache zurück. Nach den Versicherungsbedingungen berechnete sich die von der Klägerin zu zahlende Prämie nach dem Gesamtbetrag der monatlichen Versandberechnungen, der von ihr der Beklagten mitzuteilen war. Die Klägerin hatte bei diesen Mitteilungen und demgemäß bei der Berechnung der Prämien die Verkäufe außer Betracht gelassen, für die keine Versandrechnungen ausgestellt wurden. Das hatte das Berufungsgericht für vertragswidrig erklärt; das Reichsgericht trat dieser Auffassung bei. Die Auslegung der Vertragsbedingungen durch das Berufungsgericht unterlag der freien Nachprüfung, weil es sich um allgemein gebräuchliche (typische) Vertragsgrundlagen handelte. Die Klägerin hatte sich darauf berufen, daß eine Unklarheit in der Fassung der Bedingungen vorliege, die zu Lasten der Versicherungsgesellschaft gehe, die sie verfaßt und vorgelegt habe; die für den Versicherungsnehmer günstige Auslegung entscheidet aber nur dann, wenn anscheinend vorhandene Unklarheiten nicht zugunsten des Versicherers behoben werden können. Von solchen Unklarheiten kann keine Rede sein, wenn sich, wie es hier der Fall war, nach Sinn und Zweck der einzelnen Vertragsabrede und aus den sonstigen, nach Treu und Glauben zu berücksichtigenden Begleitumständen ein bestimmter Vertragsinhalt feststellen läßt. Das Berufungsgericht hatte ausgeführt, die Klägerin habe sich darüber klar sein müssen, daß sie zur Erfassung ihrer Umsätze den ganzen Warenausgang, auch soweit ein Versand nicht nötig war, buchmäßig festlegen und der Beklagten melden müsse. Das erklärte das Reichsgericht für zutreffend. In den Versicherungsbedingungen war nicht vorgesehen, welche Folgen derartige unrichtige Mitteilungen haben sollten. Grundsätzlich tritt bei Verletzung vertraglich vorgesehener Obliegenheiten Leistungsfreiheit des Versicherers nur dann ein, wenn das im Versicherungsvertrag ausdrücklich vereinbart ist. Hinsichtlich des Verhaltens des Versicherten nach dem Schadensfall war bestimmt, daß die Nichtbefolgung oder Verletzung der ihm obliegenden Verpflichtungen die Versicherer von der Ersatzpflicht nicht befreie, es sei denn, daß dem Versicherten Vorsatz zur Last falle. Daraus war zu schließen, daß die Vertragsteile den Eintritt der Verwirkungsfolge bei solchen Verfehlungen grundsätzlich wollten, aber mit der doppelten Einschränkung, daß der Versicherer nur bei vorsätzlichem Zuwiderhandeln frei werden und für den Vorsatz beweispflichtig sein solle. Ob sich der gleiche Schluß auch hinsichtlich der Verletzung der vor dem Schadensfall zu erfüllenden Verpflichtungen ergab, war unsicher. Ausdrücklich war gesagt, daß versehentliche Pflichtverletzungen dem Versicherten keinen Nachteil bringen sollten; es war aber nicht ersichtlich, welche Nachteile ihm erwachsen sollten, wenn er sich eines vorsätzlichen Verstoßes schuldig machte. In diesem Punkte blieb also eine Unklarheit, die angesichts der nicht zu beseitigenden Zweifel grundsätzlich zu Lasten der Versicherungsgesellschaft gehen mußte. Die Leistungsverweigerung der beklagten Gesellschaft war aber im vorliegenden Falle grundsätzlich schon deshalb gerechtfertigt, weil die Versicherung alle Arten von Versendungen und Lagerungen von Waren umfaßte; nur für gewisse Waren konnte die Versicherung ausgeschlossen werden. Daraus ergab sich, daß die Klägerin nicht befugt war, die bei ihr lagernden Waren nach Belieben teilweise unversichert zu lassen; sie mußte alles tun, um ihren vollen Bestand unter Versicherung zu bringen. In ihrem Verhalten lag ein so grober Verstoß gegen den Versicherungs- und auch gegen den Gefahrengemeinschaftsgedanken, sowie gegen Treu und Glauben, daß die Vertragsgrundlage erschüttert wurde und der Versicherungsgesellschaft nicht mehr zugemutet werden konnte, für einen Schaden im vertragsmäßigen Umfang einzutreten. Unter solchen Umständen mußte ihr der Einwand der unzulässigen Rechtsausübung zugebilligt und ihr Leistungsverweigerungsrecht wenigstens insoweit anerkannt werden, als volle Entschädigung verlangt wurde. In der Rechtsprechung des Reichsgerichts steht aber fest, daß da, wo an sich gegenüber dem Klagbegehren die Arglisteinrede (der Einwand der unzulässigen Rechtsausübung) begründet ist, die Klageforderung stets und ohne weiteres ganz hinfällig wird. Es bedarf hier einer sorgfältigen Prüfung an der Hand der gesamten Umstände des einzelnen Falls, um zu ermessen, inwieweit das Verlangen mit den Grundsätzen von Treu und Glauben nicht mehr in Eintracht zu bringen ist. Die Richtlinien, die für die Fälle arglistiger Täuschung bei Ermittlung des Schadens nach Eintritt des Versicherungsfalls aufgestellt worden sind, haben hier entsprechende Anwendung zu finden. Nach dieser Richtung war der Sachverhalt erneut zu prüfen. Es war dabei nicht nur das Verhältnis zu berücksichtigen, in dem die hinterzogenen Versicherungsbeiträge zum Gesamtbetrag der Beitragsschuld der Klägerin gestanden hatten, sondern auch zu beachten, ob und in welchem Ausmaß die Klägerin etwa noch nach dem Einbruch ihr Bestreben fortgesetzt hatte, die Beklagte zu täuschen oder ihr die Aufklärung zu erschweren. Wie im einzelnen Falle das Maß des Verschuldens des Versicherungsnehmers in Anbetracht aller Umstände so wenig ins Gewicht fallen kann, daß es nach Treu und Glauben vertretbar erscheint, ihm trotz Unredlichkeit die Versicherungssumme ungeschmälert zuzusprechen, so kann es umgekehrt mit Rücksicht auf den Umfang, die Hartnäckigkeit und die Gefährlichkeit der auf die Täuschung und die Schädigung des Versicherers abzielenden unlauteren Handlungsweise des Versicherungsnehmers bei Beachtung aller Umstände gerechtfertigt sein, ihm den Entschädigungsanspruch in vollem Umfang abzuerkennen. (VII, 11. Februar 1938.)

Amtl. Sammlg. S. 67—77.

Vgl. Bd. 117 S. 327; Bd. 145 S. 21; Bd. 149 S. 69; Bd. 152 S. 403; Bd. 153 S. 356; JW. 1928 S. 791; 1935 S. 1009; 1936 S. 2978, 3452; 1937 S. 2036, 2668, 3155.

13. **Unfallversicherung. Schadenanzeige. Verwirkung.** (VersVertrG. § 12.) Durch den Zusammenstoß zweier Kraftwagen wurde ein Mann, der sich in dem einen Wagen befand, schwer verletzt. Er begab sich in eine Heilanstalt, in der er 4 Monate lang verblieb. Nachdem er aus der Anstalt entlassen worden war, machte er der Versicherungsgesellschaft, bei der er gegen Unfall versichert war, Anzeige. Diese lehnte jede Entschädigung ab, weil der Unfall nicht unverzüglich angemeldet worden sei; dabei wies sie ihn auf ihre Bedingungen hin, wonach binnen 6 Monaten nach Empfang des Ablehnungsschreibens Klage erhoben werden konnte. Diese Frist wurde auf Antrag des Ver-

sicherten wiederholt verlängert. Er erhob Klage erst, nachdem auch die verlängerte Frist verstrichen war. Das Berufungsgericht wies die Klage ab. Das Reichsgericht bestätigte das Urteil. In dem Urteil des Berufungsgerichts war allerdings angenommen, daß die Ablehnung des Anspruchs durch die Versicherungsgesellschaft die Frist für die Erhebung der Klage deshalb nicht eröffnet habe, weil in der Anzeige des Klägers kein bestimmter Anspruch erhoben gewesen sei; die Klage war abgewiesen worden, weil der Kläger, nachdem er der ersten Fristsetzung nicht widersprochen und wiederholt eine Verlängerung der Frist erwirkt hatte, nach Treu und Glauben mit der Erhebung der Klage nicht bis Ablauf der verlängerten Frist habe zuwarten dürfen. Das Reichsgericht hob demgegenüber hervor, daß schon in der Schadenanzeige ein Hinweis für den Versicherer liegt, daß er sich auf eine geldliche oder geldeswerte Leistung einzustellen habe; zum Vorteil der Rechtssicherheit ergibt sich hieraus, daß in der Erstattung einer Schadenanzeige auch der Wille des Versicherten anzunehmen ist, den Versicherer aus dem Versicherungsfall in Anspruch zu nehmen. Ohne Bedeutung ist es dabei, ob der Versicherte in der Anzeige seinen Anspruch beziffert oder nicht und ob er im Zeitpunkt der Anzeige zur Bezifferung schon in der Lage war. Dieser Auffassung war der Kläger selbst beigetreten, indem er um Verlängerung der Klagefrist bat. (VII, 15. Februar 1938.)

Amtl. Sammlg. S. 78—82.

14. **Lebensversicherung. Unfallversicherung. Beweislast. Beweis nach dem ersten Anschein.** (VersVertrG. §§ 170, 181.) Eine Frau verunglückte dadurch, daß sie von einer Landungsbrücke in das Meer fiel und ertrank. Gegen ihren Mann, der sie begleitet hatte, wurde Anklage wegen Mord erhoben; er wurde aber wegen erwiesener Unschuld freigesprochen. Die Frau war gegen Unfall versichert gewesen; die Klage des Mannes auf Zahlung der Versicherungssumme drang in allen Rechtszügen durch. Den Beweis, daß seine Frau durch einen Unfall um das Leben gekommen sei, hatte der Kläger schon erbracht, wenn er dartat, daß sie unfreiwillig durch ein plötzlich von außen auf ihren Körper einwirkendes Ereignis den Tod gefunden habe; gleichgültig war, ob dieses Ereignis durch den Kläger herbeigeführt worden war. Eine andere Frage war

es, ob die beklagte Gesellschaft von der Pflicht zur Leistung durch eine solche Einwirkung des Klägers frei wurde; der Beweis hiefür war aber von der beklagten Gesellschaft zu erbringen. Auch die Anwendung der Grundsätze über den Beweis nach dem ersten Anschein führten zu keinem anderen Ergebnis. Diese Grundsätze gehören überhaupt nicht der Frage nach der Beweislast, sondern der Beweiswürdigung an; von einer Umkehrung der Beweislast kann keine Rede sein. (VII, 18. Februar 1938.)

Amtl. Sammlg. S. 83—89.

Vgl. Bd. 134 S. 241; Bd. 156 S. 113.

15. Zwangsversteigerung. Grundbuchamt. Zustellungsvertreter. Amtspflichtverletzung. Staatshaftung. (RVerf. Art. 131; BGB. § 839; ZVG. §§ 6, 7, 9, 19, 37, 39; FGG. § 50.) Ein Grundstück, auf dem eine Darlehnshypothek von 10000 *RM* eingetragen war, kam zur Zwangsversteigerung. Auf Ersuchen des Vollstreckungsgerichts teilte das Grundbuchamt diesem beglaubigte Abschriften des Wohnungsblattes und des Grundbuchblattes mit; auf der Abschrift des Wohnungsblattes war dem Namen des Hypothekgläubigers mit Bleistift beigesetzt: verstorben. Dieser Vermerk blieb zunächst unbeachtet; als die Zustellung der Terminsbestimmung an den Hypothekgläubiger mit dem Vermerk „seit Jahren verzogen" zurückkam, bestellte der Vollstreckungsrichter einen Angestellten des Gerichts als Zustellungsvertreter für den Hypothekgläubiger und seine etwaigen Rechtsnachfolger. Diesem wurde die Ladung zum Versteigerungstermin ausgehändigt. Das Grundstück wurde um rund 5000 *RM* zugeschlagen. Die Erben des Hypothekgläubigers fochten den Zuschlagbeschluß mit sofortiger Beschwerde an; diese wurde aber in allen Rechtszügen als unzulässig verworfen. Auch ihre Klage auf Schadenersatz gegen das Deutsche Reich blieb ohne Erfolg. Es ist nicht Aufgabe des Vollstreckungsrichters, von sich aus Ermittelungen nach den nicht eingetragenen Berechtigten anzustellen. An sie ergeht die öffentliche Aufforderung, ihre Rechte anzumelden. Grundlage für die Tätigkeit des Vollstreckungsrichters ist der Grundbuchstand zur Zeit des Vollstreckungsvermerks. Dieser ergibt sich aus den Mitteilungen, die vom Grundbuchamt zu erteilen sind. Auf die Richtigkeit und Vollständigkeit dieser Mitteilungen darf sich der Vollstreckungsrichter verlassen. Er ist nicht verpflichtet, das Grundbuch und die Grundakten selbst einzusehen, es sei denn, daß sich aus den Mitteilungen Unstimmigkeiten oder Unrichtigkeiten ergeben. Zu einer Ermittelung der Erben des als verstorben bezeichneten Hypothekgläubigers bestand also kein Anlaß; der Vollstreckungsrichter verfuhr entsprechend dem Gesetz, wenn er für sie einen Zustellungsvertreter bestellte. Der hierfür ausgewählte Gerichtsangestellte war schon in anderen Fällen als solcher tätig gewesen; bei der Auswahl hatte also der Vollstreckungsrichter keine Amtspflicht verletzt. Eine besondere Überwachung konnte ihm nicht zugemutet werden, da der Zustellungsvertreter keine verwaltende Tätigkeit auszuüben, sondern nur eine bestimmte Ermittelungsaufgabe zu erfüllen hat, bis zu deren Erledigung die für den Vertretenen bestimmten Zustellungen an ihn erfolgen dürfen. Es lag kein Nachweis vor, daß diese Aufgabe nicht erfüllt worden war. Die Bestellung eines Pflegers anzuregen wäre der Vollstreckungsrichter nur dann verpflichtet gewesen, wenn die Vertretung des Hypothekgläubigers oder seiner Erben im Verfahren erforderlich gewesen wäre. Das war nicht der Fall. Die Frage, ob es zweckmäßig gewesen wäre, daß der Hypothekgläubiger mitbot, war vom Vollstreckungsrichter nicht zu prüfen. Das Wohnungsblatt ist nur im Bedarfsfall anzulegen; Vermerke in dieses sind aufzunehmen, wenn eine nähere Angabe über die Wohnung eines Berechtigten, die aus dem Grundbuch selbst nicht hervorgeht, bekannt geworden ist. Es ist kein öffentliches Register, das bestimmt wäre, Rechte oder rechtserhebliche Tatsachen offenkundig zu machen. Sein Zweck ist, dem Grundbuchamt die ihm obliegenden Bekanntmachungen zu erleichtern. Die Erben des verstorbenen Hypothekgläubigers waren in das Wohnungsblatt auch dann nicht einzutragen, wenn sie sich dem Grundbuchamt durch Vorlage eines Erbscheins ausgewiesen hatten. Das Wohnungsblatt enthielt allerdings einen Bleistiftvermerk, daß die Erben in einer Beilage angegeben waren; da aber dieser Vermerk nicht zum Inhalt des Wohnungsblattes gehörte, brauchte er auch nicht in die Abschrift aufgenommen zu werden. Der Beglaubigungsbeamte hätte auch den Vermerk „verstorben" weglassen müssen; dieser war aber unschädlich. Zweckmäßig wäre es allerdings gewesen, wenn dem Vollstreckungsgericht der Tod des eingetragenen Hypothekgläubigers und die Namen der Erben mitgeteilt worden wären; eine Verletzung der Amtspflicht konnte aber in der Unterlassung nicht gefunden werden, da die Kläger nicht als Erben eingetragen waren. Solange diese Eintragung nicht erfolgt war, konnten die Kläger nicht verlangen, als Berechtigte behandelt zu werden, auch wenn sie die Rechtsänderung nachgewiesen hatten. Für ein etwaiges Versehen des Zustellungsvertreters traf den Staat keine Haftung. (V, 28. Februar 1938.) Amtl. Sammlg. S. 89—96.

16. Armenrecht. (ZPO. §§ 114, 115.) Die Klage war in zwei Rechtszügen abgewiesen worden. Der Kläger legte Revision ein und bat um die Bewilligung des Armenrechts; dieses wurde wegen Aussichtslosigkeit der Sache verweigert. Darauf zahlte der Kläger die Prozeßgebühr und begründete die Revision frist- und formgerecht. Die Sache wurde zurückverwiesen. Die nunmehr wiederholte Bitte um Bewilligung des Armenrechts für die Revisionsinstanz hatte keinen Erfolg. Das Armenrecht bezweckt, einer Partei, die außerstande ist, ohne Beeinträchtigung des für sie und ihre Familie notwendigen Unterhalts die Kosten eines Rechtsstreits zu tragen, dessen Durchführung zu ermöglichen, wenn die beabsichtigte Rechtsverfolgung oder Rechtsverteidigung hinreichend Aussicht auf Erfolg bietet. Daraus ergibt sich, daß das Armenrecht nicht mehr bewilligt werden kann, wenn dieser Zweck des Gesetzes auch ohne das Armenrecht erreicht worden ist. Dafür spricht auch, daß die Bewilligung des Armenrechts nur vorläufige Maßnahmen zur Folge hat; nach der Beendigung der Instanz kann von solchen keine Rede mehr sein. Ob das Gericht eine Rückwirkung des Armenrechts anordnen oder nach Abschluß der Instanz einem in der Instanz gestellten Antrag auf Bewilligung stattgeben kann, blieb dahingestellt. (VII, 22. Februar 1938.)

Amtl. Sammlg. S. 96—98.

Vgl. Bd. 2 S. 378; Bd. 152 S. 221; JW. 1892 S. 369.

17. Bergschaden. Verjährung. (PrAllgBergG. §§ 148, 151.) Eine Gemeinde erbaute im Jahre 1910 einen Wasserturm auf einem Grundstück, unter dem früher ein Bergbau betrieben worden war. Die Aktiengesellschaft, der das Bergwerk gehörte, gewährte einen Zuschuß zu den Baukosten mit Rücksicht darauf, daß wegen des Bergbaus eine Verankerung der Betongrundlage des Turmes für notwendig erachtet wurde. Im Jahre 1927 wurde für den Betrieb des Wasserwerks eine G.m.b.H. errichtet, die das Grundstück erwarb. Im Jahre 1936 ersetzte sie den alten Wasserbehälter durch einen erheblich größeren. Der Umbau machte eine Verstärkung der Grundlage des Turmes notwendig. Die G.m.b.H. verlangte von der Aktiengesellschaft, die seit dem Jahre 1928 den Bergbau wieder aufgenommen hatte, Ersatz der durch den Bergbau verursachten besonderen Aufwendungen. Das Berufungsgericht wies die Klage wegen Verjährung ab. Das Reichsgericht gab ihr statt. Durch einen Bergwerkbetrieb wird einem dadurch betroffenen Grundstück ein Schaden schon dann zugefügt, wenn die Verwertung des Grundstücks infolge der vom Bergbau drohenden Gefahr gelitten hat. Entstanden ist der Schaden in dem Zeitpunkt, in dem die durch den Bergbau herbeigeführte Gefahr erkennbar geworden und infolgedessen die Minderbewertung des Grundstücks (für den Verkauf wie für den eigenen Gebrauch) nach der Verkehrsanschauung eingetreten ist. In diesem Zeitpunkt erwächst für den Grundeigentümer der Anspruch auf Schadenersatz. Von einem bestimmten Bauvorhaben ist die Entstehung des Anspruchs auf Schadenersatz nicht abhängig, soweit es sich um zukünftig zu erwartende Haus- oder Fabrikbauten von durchschnittlicher Beschaffenheit handelt. Anders liegt aber die Sache bei Bauten von Ausnahmebeschaffenheit, z. B. solchen von besonderem Gewicht oder sonst erhöhten Sicherheitserfordernissen. Hier handelt es sich nicht um eine voraussehbare Folge des allgemeinen Einflusses der Bergbaugefahr, sondern um einen Schaden, dessen Entstehung mit der Planung und Errichtung eines Baues von dieser außergewöhnlichen Beschaffenheit verbunden ist als einem Unternehmen, mit dem nicht von vornherein zu rechnen war. Nachdem im Jahre 1910 die Gemeinde wegen des Entwertungsanspruchs, der sich für sie angesichts des damals unternommenen Baues aus der Bergschadengefahr ergab, befriedigt worden war, konnte eine neue Beitragsleistung nur im Fall eines Umbaus oder Erweiterungsbaus in Frage kommen. Dieser Schaden war also nicht schon im Jahre 1910 für die Gemeinde, sondern erst im Jahre 1916 für ihre Rechtsnachfolgerin entstanden. Die Auffassung des Berufungsgerichts, dieser Schaden sei als Einheit mit dem im Jahre 1910 durch die damals erfolgte Zahlung ausgeglichenen Schaden und als dessen bloße Fortsetzung anzusehen, war rechtsirrtümlich. Die Verjährung begann also nicht schon im Jahre 1910, sondern erst im Jahre 1936 zu laufen. Aber auch nach der Auffassung des Berufungsgerichts hätte der Verjährungseinrede nicht stattgegeben werden sollen. Die dreijährige Verjährung solcher Ansprüche beginnt nicht schon mit ihrer Entstehung, sondern erst mit der Kenntnis vom Dasein des Schadens. Allerdings hindert eine Ungewißheit über Umfang und Höhe des Schadens nicht den Beginn der Verjährung für den Gesamtschadensanspruch, und alle voraussehbaren Folgezustände gelten als dem Verletzten durch die allgemeine Kenntnis vom Schaden bekannt geworden. Das gilt aber nicht für spätere neue Nachteile, die nicht zu erwarten waren und sich nicht voraussehen ließen. Das traf für die Erweiterungsbauten des Jahres 1936 zu. Hätte die Gemeinde im Jahre 1910 nach Empfang der Entschädigung eine Feststellungsklage wegen Schadenersatz auf Grund fernerer Gefährdung erhoben, so wäre sie sicherlich abgewiesen worden. (V, 24. Februar 1938.)

Amtl. Sammlg. S. 99--106.

Vgl. Bd. 30 S. 250; Bd. 93 S. 262; Bd. 95 S. 78.

18. **Milchversorgung. Marktschiedsgericht. Sondergericht. Rechtsweg.** (LandwMarktVO. vom 26. Februar 1935 § 3; ZPO. §§ 274, 547). Ein Milchaufkäufer, der die Milch bei den Verkäufern abholte, berechnete einen höheren Fuhrlohn, als vom Vorstand des Milchversorgungsverbandes festgesetzt war, und hielt einen entsprechenden Teil des an die Milchverkäufer abzuliefernden Betrages zurück. Der Klage auf Zahlung setzte er die Einrede der Unzulässigkeit des Rechtswegs entgegen, da für die Streitigkeiten das Schiedsgericht für die landwirtschaftliche Marktregelung zuständig sei. In zwei Rechtszügen wurde die Einrede durch Zwischenurteil verworfen. Der große Senat des Reichsgerichts entschied zunächst, daß es sich bei der in Frage stehenden Vorschrift nicht um einen Ausschluß der sachlichen Zuständigkeit der ordentlichen Gerichte, sondern um eine Unzulässigerklärung des Rechtswegs handle. Demgemäß konnte die Revision des Beklagten weiter behandelt werden, obwohl die Revisionssumme nicht erreicht

war. Es macht in dieser Hinsicht keinen Unterschied, ob über die Zulässigkeit des Rechtswegs durch Zwischenurteil entschieden oder ob zugleich eine Entscheidung in der Sache selbst erlassen worden ist. Gleichgültig ist ferner, ob das Berufungsgericht die Zulässigkeit des Rechtswegs bejaht oder verneint hat. Der Beklagte war durch die Entscheidung des Berufungsgerichts beschwert, da im Falle der Unzulässigkeit des Rechtswegs die Klage abzuweisen war. Für die Frage der Zulässigkeit des Rechtswegs ist die Natur des Rechtsverhältnisses entscheidend, aus dem der Klaganspruch abgeleitet wird. Stellt sich dieser nach seiner tatsächlichen Begründung als Folge eines Sachverhalts dar, der nach den Grundsätzen des bürgerlichen Rechts für die Entstehung eines solchen Anspruchs Raum läßt, so ist der Rechtsweg zulässig. Dagegen ist dieser in der Regel ausgeschlossen, wenn der Anspruch nach dem vom Kläger vorgetragenen Tatbestand nur als öffentlich-rechtlicher Anspruch bestehen und auch nur insofern Gegenstand eines Streites sein kann. Dabei kann es darauf, wie der Kläger seinen Anspruch rechtlich beurteilt, ebensowenig ankommen wie auf die Verteidigung, mit der der Beklagte sich seiner zu erwehren sucht. Die Parteien waren sich darüber einig, daß die Vergütung für die Milch nach den vom Vorstand des Milchversorgungsverbandes festgesetzten Preisen zu entrichten war; der Beklagte behauptete auch nicht, daß die Kläger insoweit gehindert waren, die ordentlichen Gerichte anzurufen. Als Grundlage der mit der Klage geltend gemachten Ansprüche waren also lediglich die dem bürgerlichen Recht entspringenden Beziehungen der Parteien aus dem Milchlieferungsvertrag anzusehen. Mochten auch die vertraglichen Verpflichtungen der Parteien zur Lieferung, Annahme und Bezahlung der Milch durch Maßnahmen und Anordnungen des Versorgungsverbandes berührt werden, so hatten diese doch für die Frage nach der Natur der Klagansprüche und der darnach zu beurteilenden Zulässigkeit des Rechtswegs außer Betracht zu bleiben. Sie waren, soweit sie den Milchpreis betrafen, nicht Gegenstand des Streites und konnten für sich allein keinen Rechtsgrund dafür abgeben, daß die Kläger im Umfang der Klage forderungsberechtigt seien. Diese konnten vielmehr ihre Ansprüche nur als bürgerlich-rechtliche geltend machen. Soweit der Beklagte Gegenforderungen erhob, die er darauf stützte, daß er für das Abholen der Milch einen höheren Fuhrlohn als den vom Vorstand des Verbandes festgesetzten beanspruchen könne, war dieses Vorbringen nicht geeignet, die Klagansprüche ihres bürgerlichrechtlichen Charakters zu entkleiden. Auch wenn der Streit über das Bestehen dieser Gegenforderungen als aus einer mit unmittelbarer Wirkung gegen beide Parteien ausgestatteten Maßnahme des Verbandes entstanden anzusehen und demgemäß ausschließlich vor dem Marktschiedsgericht auszutragen wäre, könnte dies nicht zur Folge haben, daß dadurch die Klagansprüche ebenfalls dem Gebiete des bürgerlichen Rechts entrückt und der ausschließlichen Zuständigkeit des Marktschiedsgerichts unterstellt würden. Nur soweit Fragen der Marktregelung eingreifen, hat dieses zu entscheiden. Wenn der Beklagte Gegenforderungen erheben wollte, die nicht nach Grundsätzen des bürgerlichen Rechts zu beurteilen waren, so mußte er dafür die Grundlage schaffen, indem er die für die Entscheidung hierüber zuständige Stelle anrief. Das war nach seiner Behauptung das Schiedsgericht. Solange aber die Anordnung des Vorstands des Versorgungsverbandes nicht aufgehoben oder abgeändert war, blieb sie maßgebend und mußte von den Parteien beachtet werden. Ausführlich legte das Reichsgericht dar, daß die Marktschiedsgerichte nicht Schiedsgerichte, sondern öffentliche Sondergerichte sind. (II, 26. Februar 1938.)

Amtl. Sammlg. S. 106—120.

Vgl. Bd. 71 S. 421; Bd. 80 S. 371; Bd. 83 S. 304; Bd. 106 S. 150; Bd. 107 S. 76, 352; Bd. 108 S. 194; Bd. 113 S. 125; Bd. 125 S. 349; Bd. 146 S. 244; Bd. 156 S. 279.

19. **Hypothek in ausländischer Währung. Staatliche Genehmigung.** (VO. über die Eintragung von Hypotheken in ausländischer Währung vom 13. Februar 1920; Abkommen über die deutsch-schweizerischen Goldhypotheken vom 6. Dezember 1920 und 25. März 1923; GBO. § 53.) Zugunsten einer schweizerischen Aktiengesellschaft war auf einem Grundstück im Jahre 1923 eine Grundschuld eingetragen worden; ihr Zinssatz richtete sich nach dem Zusatzabkommen zwischen dem Deutschen Reich und der Schweiz vom 25. März 1923. Im Jahre 1930 wurde

zwischen der Gläubigerin und dem Grundstückseigentümer vereinbart, daß die Grundschuld vom 1. Januar 1931 an zum festen Satz von $4^5/_8$%, unabhängig vom Reinertrag des Grundstücks, verzinst werden sollte; die Fälligkeitsbedingungen für die Zinsen und das Kapital wurden neu geregelt. Der Inhalt der Vereinbarung wurde am 16. Dezember 1930 in das Grundbuch eingetragen. Im Jahre 1936 ging das Grundstück an einen anderen Eigentümer über. Dieser wies das Grundbuchamt darauf hin, daß die Eintragung vom 16. Dezember 1930 ohne die Einwilligung der Landeszentralbehörde erfolgt war. Das Grundbuchamt trug von Amts wegen einen Widerspruch ein. Auf die Beschwerde der Gläubigerin wurde dieser Widerspruch wieder gelöscht. Die Gläubigerin klagte nun gegen den Grundstückseigentümer auf Zahlung von Zinsen. In zwei Rechtszügen drang die Klage durch. Das Reichsgericht verwies die Sache zurück. Die Vereinbarung vom Jahre 1930 sollte eine Inhaltsänderung der in ausländischer Währung eingetragenen Grundschuld herbeiführen und bedurfte darum der Einwilligung der Landeszentralbehörde. Die ohne diese Einwilligung vorgenommene Eintragung war sachlich-rechtlich unwirksam; durch sie wurde das Grundbuch unrichtig, indem es eine in Wirklichkeit nicht vorhandene Grundschuld als vorhanden auswies. Die Grundschuld war zwar nicht von Amts wegen zu löschen, wie das im Fall einer inhaltlich unzulässigen Eintragung hätte geschehen müssen; wohl aber war die staatliche Einwilligung als sachlich-rechtliche Voraussetzung für die Wirksamkeit der Vereinbarung anzusehen. Mit dem Genehmigungszwang war nicht nur eine Ordnungsvorschrift aufgestellt worden, deren Übertretung sachlich bedeutungslos wäre. Die Einwilligung reihte sich ein in den Kreis der behördlichen Zustimmungserklärungen, die zum Schutz der Volksgemeinschaft gegen Überfremdungsgefahr eingeführt worden waren und deren sachlich-rechtliche Bedeutung für die Wirksamkeit der mit ihnen verknüpften Rechtsverhältnisse ausdrücklich vorgesehen war. Mangels der staatlichen Zustimmung hatte die in das Grundbuch aufgenommene Vereinbarung nicht zu einer wirksamen Inhaltsveränderung bei der Grundschuld geführt; das Grundbuch war also durch die Eintragung unrichtig geworden. Der Beklagte konnte also die Berichtigung des Grundbuchs verlangen. Zu verzinsen brauchte er die Grundschuld nur nach Maßgabe der ursprünglichen Eintragung. Für die Entscheidung waren noch tatsächliche Feststellungen nötig. (V, 28. Februar 1938.)

Amtl. Sammlg. S. 120—128.

Vgl. JW. 1923 S. 193; 1937 S. 641.

20. Ehebestätigung. Erbkrankheit. (BGB. § 1325; EheGesundhG. §§ 1, 3.) Eine Frau wurde bald nach Eingehung ihrer Ehe in eine Heilanstalt gebracht und blieb dort mehrere Monate. Die Scheidungsklage, die ihr Mann erhob, wurde abgewiesen. Er betrieb nun im kanonischen Eheprozeß die Ungültigerklärung der Ehe, weil die Frau zur Zeit der Eheschließung geisteskrank gewesen sei. Das kirchliche Ehegericht sprach die Nichtigkeit der Ehe aus. Die vom Ehemann vor dem ordentlichen Gericht erhobene Nichtigkeitsklage wurde vom Berufungsgericht mit der Begründung abgewiesen, daß die Frau nach Wegfall ihrer Geschäftsunfähigkeit die Ehe bestätigt habe. Das Reichsgericht verwies die Sache zurück. Die Revision des Klägers war darauf gestützt, daß von einer Bestätigung der Ehe durch die Beklagte schon darum nicht die Rede sein könne, weil diese immer bestritten habe, zur Zeit der Eheschließung geisteskrank und deshalb geschäftsunfähig gewesen zu sein. Dieses Vorbringen erkannte das Reichsgericht nicht als schlüssig an. Zur Ehebestätigung ist begrifflich nicht erforderlich, daß der Bestätigende selbst davon überzeugt ist, zur Zeit der Eheschließung geschäftsunfähig gewesen zu sein; es genügt, daß er von den Zweifeln an seiner damaligen Geschäftsfähigkeit Kenntnis hat und in Kenntnis dieses Umstandes seinen Willen kundgibt, die Ehe aufrechtzuerhalten. Die Kenntnis davon, daß ihre Geschäftsfähigkeit zur Zeit der Eheschließung mit gutem Grunde in Zweifel gezogen worden war, besaß die Beklagte seit dem Ausgang des kirchlichen Eheprozesses. Das Urteil wurde aufgehoben, weil nicht mit genügender Bestimmtheit dargelegt war, daß die Beklagte wirklich geschäftsfähig war. Die Vorschriften des Ehegesundheitsgesetzes standen einer Bestätigung der Ehe auch dann nicht entgegen, wenn als erwiesen angesehen wurde, daß die Beklagte an einer Erbkrankheit (manisch-depressivem Irresein) litt. Wer an einer Erbkrankheit leidet, darf zwar keine Ehe schließen; eine entgegen diesem Verbot geschlossene Ehe ist aber keineswegs allein deswegen nichtig. Nichtig ist sie nur dann, wenn beide Eheteile arglistig gehandelt haben, namentlich wenn beide durch wissentlich falsche Angaben die Mitwirkung des Standesbeamten oder die Ausstellung eines Ehetauglichkeitszeugnisses herbeigeführt haben. Auch wenn die Ehebestätigung der Beklagten wegen ihrer Erbkrankheit nichtig war, konnte diese Nichtigkeit nicht vom anderen Eheteil, sondern nur vom Staatsanwalt geltend gemacht werden. Dem Ehemann, der zu der Erkenntnis gelangt, daß der andere Eheteil zur Zeit der Eheschließung mit einem unheilbaren Leiden behaftet war, steht nur der Weg der Anfechtung der Ehe zur Verfügung; die Frist dafür beginnt mit der einwandfreien ärztlichen Feststellung des Vorhandenseins der Krankheit zu laufen. (IV, 28. Februar 1938.)

Amtl. Sammlg. S. 129—132.

21. **Haftung des Fremdbesitzers. Pfandrecht.** (BGB. §§ 823, 987; DepG. § 2.) Eine Gemeinde hatte durch Vermittlung der Beschaffungsstelle für Kommunalkredit wiederholt bei einer Bank Darlehen aufgenommen. Im Sommer 1933 verhandelte sie wegen eines neuen Darlehens. Das Angebot der Bank lehnte sie ab, weil deren Inhaber Jude war; sie kam dann aber mit der Beschaffungsstelle überein, daß diese ihr das Darlehen gewähren und sich die Mittel dazu bei der Bank verschaffen solle. Zur Sicherung des Darlehens reichte die Gemeinde auf Anweisung der Beschaffungsstelle Wertpapiere bei der Reichshauptbank Berlin für Rechnung der Bank ein. Die Darlehenssumme wurde ausgezahlt. In der Folge entnahm die Beschaffungsstelle bei der Bank große Beträge, ohne sie an die Gemeinde abzuführen und ohne sich mit ihr darüber verständigt zu haben; sie ließ einen Teil der Wertpapiere der Gemeinde durch die Bank verkaufen und sich den Erlös gutschreiben. Im Jahre 1935 brach die Beschaffungsstelle zusammen. Als die Gemeinde ihr Darlehen an die Bank zurückzahlte, fehlten von den Wertpapieren 48000 *RM*. Die Klage der Gemeinde gegen die Bank auf Schadenersatz drang im zweiten Rechtszug durch. Das Reichsgericht verwies die Sache zurück. Da vertragliche Beziehungen zwischen den Streitteilen fehlten, konnte ein Rechtsgrund für eine Verpflichtung zum Schadenersatz nur in den Vorschriften über unerlaubte Hand-

lungen gefunden werden. Der Gesichtspunkt der sittenwidrigen Vermögensschädigung mußte ausscheiden, da ein hierfür geeigneter Tatbestand nicht festgestellt war. Aber auch auf Verletzung des Eigentums der Klägerin an den veräußerten Wertpapieren ließ sich ein Anspruch auf Schadenersatz nicht gründen. Die beklagte Bank war im Zeitpunkt der Veräußerung Besitzerin der ihr von ihrer Vertragsgegnerin, der Beschaffungsstelle, zum Pfand gegebenen Wertpapiere. Nach den Vorschriften über die Ansprüche aus dem Eigentum kann der Besitzer auch wegen verschuldeter Unmöglichkeit der Herausgabe nicht auf Schadenersatz in Anspruch genommen werden. Für den Fremdbesitzer gilt dieser Grundsatz allerdings nicht unbeschränkt. Dieser macht sich, wenn er den Rahmen seines Besitzrechts überschreitet, insbesondere die in seinem Besitz befindliche Sache veräußert, einer Eigentumsverletzung schuldig, die ihn dem Eigentümer zum Schadenersatz verpflichtet. Ist aber der Fremdbesitzer gutgläubiger Besitzmittler eines Dritten, so bestimmt sich das Maß seiner Haftung gegenüber dem Eigentümer nach seiner Verantwortlichkeit gegenüber diesem Dritten. Er kann also von dem Eigentümer nicht auf Schadenersatz in Anspruch genommen werden, wenn und soweit ihm der Dritte die das Eigentum verletzende Verfügung über die Sache in rechtlich einwandfreier Weise erlaubt hat. Es kam also darauf an, ob der von der Beschaffungsstelle erteilte Auftrag zur Veräußerung der Wertpapiere in rechtlich wirksamer Form erteilt war. Nach § 2 des damals (März 1935) in Geltung befindlichen Depotgesetzes vom 5. Juli 1896 war eine Erklärung des Verpfänders von Wertpapieren, wodurch der Pfandgläubiger berechtigt wurde, über die Papiere zu seinem Nutzen zu verfügen, nur gültig, soweit sie für das einzelne Geschäft ausdrücklich und schriftlich abgegeben wurde, falls nicht der Verpfänder gewerbsmäßig Bank- oder Geldwechslergeschäfte betrieb. Ob das für die Beschaffungsstelle zutraf, war noch festzustellen. (VII, 1. März 1938.) Amtl. Sammlg. S. 132—136.

Vgl. Bd. 101 S. 307; Bd. 106 S. 149.

22. Scheidungsklage. Gute Sitten. Unzulässige Rechtsausübung. (BGB. §§ 249, 251, 826.) Die Parteien, deutsche Reichsangehörige, hatten im Jahre 1908 in Deutschland die Ehe geschlossen. Aus dieser waren zwei

Kinder, ein Sohn und eine Tochter, hervorgegangen. Im Jahre 1926 fing der Ehemann ein Liebesverhältnis an und trennte sich von seiner Frau. Scheidungsklagen, die er gegen diese in den Jahren 1927 und 1930 erhob, wurden abgewiesen, ebenso eine im Jahre 1933 erhobene Klage auf Wiederherstellung des ehelichen Lebens. Im Jahre 1935 erhob der Ehemann vor einem ausländischen Gericht Scheidungsklage gegen die Frau. Dieses erklärte sich für unzuständig, wurde aber vom Obergericht angewiesen, in der Sache selbst zu entscheiden. Ehe es dazu kam, erhob die Frau Klage gegen den Ehemann auf Zurücknahme der Scheidungsklage und Erstattung der ihr für ihre Verteidigung vor dem ausländischen Gericht erwachsenen Kosten. Die Klage drang in allen Rechtszügen durch. Die Frage, ob das Verhalten des Beklagten gegen die guten Sitten verstieß, war nach deutschem Recht zu beurteilen, da die Scheidungsklage der Frau in Deutschland zugestellt worden war. In der Rechtsprechung ist anerkannt, daß dann, wenn der Ehemann einen Wohnsitz im Inland und einen zweiten im Ausland hat, die Scheidungsklage sowohl beim inländischen als beim ausländischen Gericht, das nach ausländischem Recht zuständig ist, erhoben werden kann. Das schließt aber nicht aus, daß die Anrufung des ausländischen Gerichts im Einzelfalle gegen die guten Sitten verstößt. Wenn das zutrifft, haben die deutschen Gerichte es zu verhindern, selbst wenn das ausländische Gericht auch nach deutschem Recht zuständig ist. Hierin liegt kein Eingriff in die ausländische Gerichtsbarkeit. Die Sittenwidrigkeit hatte das Berufungsgericht darin erblickt, daß der Beklagte nicht in redlicher Überzeugung von der rechtmäßigen Verfolgung erlaubter Belange das ausländische Gericht anrief, sondern das in dem Bewußtsein tat, ein Ziel zu verfolgen, dessen Erreichung ihm die inländische Gesetzgebung verwehrte; dabei sei er sich bewußt gewesen, daß die Klägerin dadurch Schaden erleiden könne, habe diesen möglichen Erfolg aber in seinen Willen aufgenommen und ihn für den Fall seines Eintritts gebilligt. Diese Ausführungen erkannte das Reichsgericht als richtig an. Es verstößt gegen die im deutschen Volk herrschenden sittlichen Anschauungen, wenn ein deutscher und in Deutschland wohnhafter Ehegatte unter Mißachtung der deutschen Gesetze einen von ihm in einem ausländischen Staat nebenher begründeten Wohnsitz und eine ausländische Gesetzgebung dazu ausnutzt, vor einem ausländischen Gericht zum Schaden des anderen Ehegatten eine Scheidung herbeizuführen, die ihm nach deutschen Gesetzen versagt ist. Durch die Erhebung der Klage war ein andauernd schädigender Zustand geschaffen, der zu dem der Klägerin schon erwachsenen Schaden eine weitere Schädigung der Klägerin sowohl auf vermögensrechtlichem als auf nichtvermögensrechtlichem Gebiete befürchten ließ. Erging gegen die Klägerin ein ihr nachteiliges Urteil des ausländischen Gerichts, so mußte ihre Rechtslage eine weitere Verschlechterung erfahren. Diese abzuwarten konnte ihr nicht angesonnen werden; sie konnte vielmehr verlangen, daß der Beklagte den durch sein sittenwidriges Verhalten geschaffenen, die Klägerin schädigenden und die Gefahr weiterer Schädigungen in sich schließenden Zustand durch die Zurücknahme der Klage beseitige. (IV, 3. März 1938.)

Amtl. Sammlg. S. 136—139.

Vgl. Bd. 58 S. 214; Bd. 62 S. 137; Bd. 102 S. 82; Bd. 145 S. 77.

23. **Eheverfahren. Vergleich.** (ZPO. §§ 118, 118a, 271, 794.) Die Ehe der Parteien war auf die Klage der Frau wegen Alleinschuld des Mannes geschieden worden. Gegen das Urteil legte die Frau Berufung ein mit dem Antrag, die Klage für erledigt zu erklären, weil die Parteien sich ausgesöhnt hätten; zugleich bat sie um Bewilligung des Armenrechts. Auch der Beklagte bat um das Armenrecht mit der Begründung, daß er sich mit seiner Frau ausgesöhnt habe und zur Beseitigung des Scheidungsurteils Berufung einlegen wolle. Auf Ersuchen des Berufungsgerichts wurden beide Parteien vor das Amtsgericht ihres Wohnsitzes vorgeladen; dort erklärten sie neuerdings, daß sie sich ausgesöhnt hätten, und schlossen einen Vergleich, wonach die Klägerin die Klage zurücknahm und die Kosten geteilt wurden. Das Berufungsgericht wies daraufhin die Armenrechtsgesuche beider Parteien zurück, weil der Rechtsstreit durch den Vergleich seine Erledigung gefunden habe. Nun legte der Beklagte Berufung ein mit dem Antrag, unter Abänderung des Urteils des Landgerichts die Hauptsache für erledigt zu erklären. Das Berufungsgericht verwarf die Berufung als

unzulässig, ließ aber die sofortige Beschwerde zu. Diese hatte Erfolg. Durch das Urteil des Landgerichts war der Beklagte beschwert; diese Beschwer war durch die Aussöhnung mit seiner Frau nicht weggefallen. Fraglich war nur, ob durch den Vergleich der Parteien vor dem Amtsgericht der Rechtsstreit mit der Wirkung beendigt worden war, daß damit auch der Scheidungsausspruch des landgerichtlichen Urteils ohne weiteres hinfällig wurde. Daß ein Vergleich den Rechtsstreit beendigt, ist unbestritten; es unterliegt auch keinem Bedenken, dieselbe Wirkung auch einem im Armenrechtsverfahren zu gerichtlichem Protokoll erklärten Vergleich zuzuerkennen, wenn er im Lauf eines bereits schwebenden Rechtsstreits abgeschlossen wird. Voraussetzung hierfür ist aber, daß die Parteien in der Lage sind, sich über den streitigen Anspruch zu einigen. Das ist in Ehesachen nicht der Fall, weil den Ehegatten die Verfügung über den Bestand der Ehe entzogen ist. Der obsiegende Scheidungskläger ist demgemäß auch nicht in der Lage, die durch das Scheidungsurteil erlangten Rechte wieder aufzugeben; er muß vielmehr, um die Urteilswirkungen zu beseitigen, von dem gegen das Urteil gegebenen Rechtsmittel Gebrauch machen, im Rechtsmittelverfahren die Klage zurücknehmen und eine die Aufhebung des Scheidungsurteils aussprechende Entscheidung des Rechtsmittelgerichts herbeiführen. Diese hat allerdings mit Rücksicht darauf, daß durch die Zurücknahme der Klage die Rechtshängigkeit der Sache beendigt ist, nur noch feststellende Bedeutung, ist aber in Ehesachen geboten, damit jeder mögliche Zweifel über das Fortbestehen der Ehe beseitigt wird. (IV, 10. März 1938.)

Amtl. Sammlg. S. 141—145.

24. **Beamtenrecht. Fürsorgepflicht.** (RVerf. Art. 129; BeamtG. §§ 36, 184; BGB. § 618; GVG. § 71; ZPO. § 547.) Bei der Landesbank einer preußischen Provinz hatten sich im Jahre 1923 große Mengen festverzinslicher Wertpapiere angesammelt, die gekündigt oder ausgelost waren. Diese Papiere waren so stark entwertet, daß es sich schließlich nicht mehr der Ausgaben für die Versendung lohnte, um sie den Ausgabestellen zwecks Einlösung vorzulegen. Ein Teil der Papiere wurde von Beamten der Bank übernommen; die geringfügigen Gegenleistungen wurden den Kunden, welche die Papiere zur Einlösung

eingereicht oder in Depot gegeben hatten, gutgeschrieben. Der Leiter der Bank hatte dieses Vorgehen ausdrücklich gebilligt, da er die Papiere für wertlos hielt. Als Ende 1924 der Kurs der Papiere stieg, wollte ein Teil der Kunden darüber verfügen. Die neue Leitung der Bank stellte zu ihrer Überraschung fest, daß die Papiere nicht mehr in den Depots, sondern im Besitz der Beamten waren. Da sie den Angaben der Beamten, die Übernahme sei durch die frühere Leitung genehmigt worden, nicht glaubte, nahm sie einen unrechtmäßigen Erwerb durch die Beamten an und forderte diese unter Hinweis auf dienststrafrechtliche Folgen auf, die Papiere zurückzugeben. Die Beamten kamen der Aufforderung nach. Einer von ihnen, der Grubenobligationen im Nennwert von 180000 *RM* und zum damaligen Kurswert von 1629 *RM* zurückgegeben hatte, klagte, nachdem er in den Ruhestand getreten war, gegen die Bank auf Zahlung von 1629 *RM* nebst Zinsen. In allen Rechtszügen wurde die Klage abgewiesen. Für Schadenersatzansprüche, die ein Beamter wegen Verletzung der Fürsorgepflicht gegen seinen öffentlich-rechtlichen Dienstherrn erhebt, steht der Rechtsweg offen; die Revision ist zulässig, auch wenn die Revisionssumme nicht erreicht ist. Im Revisionsverfahren kann aber nur der öffentlich-rechtliche Klagegrund der Verletzung der Fürsorgepflicht nachgeprüft werden; etwaige bürgerlich-rechtliche Haftungsgründe müssen bei Fehlen der Revisionssumme unberücksichtigt bleiben. Das Berufungsgericht war davon ausgegangen, daß der Erwerb der Wertpapiere durch den Kläger nicht zu beanstanden gewesen sei; es hatte hienach die Androhung dienstlicher Zwangsmittel zur Erzwingung der Herausgabe der Papiere als ungerechtfertigt angesehen und in diesem Eingriff eine schuldhafte Verletzung der Fürsorgepflicht gefunden, da bei der großen Zahl der beteiligten Beamten und ihrer jahrelangen untadeligen Bewährung nicht ohne genaue Prüfung des Sachverhalts mit einem pflichtwidrigen Verhalten habe gerechnet werden dürfen. Die Bank sei nach der gegebenen Rechtslage ihren Kunden gegenüber weder zur Zurückgabe der Papiere noch zur Aufwertung oder zum Schadenersatz verpflichtet gewesen; auch unter dem Gesichtspunkt des Anstandes oder der Erhaltung ihres geschäftlichen Ansehens sei sie nicht genötigt gewesen, die

Papiere ihren Beamten zu entziehen und den Kunden zurückzuerstatten. Zur Abweisung der Klage war das Berufungsgericht gelangt, weil der Kläger bei der Übernahme der Wertpapiere einen wirklichen Vermögenswert nicht aufgewendet habe, der mit der Klage verlangte Kurswert also reiner Gewinn für ihn gewesen sei; da die beklagte Bank infolge seines Verhaltens in Schwierigkeiten geraten sei und ein öffentlicher Beamter nach der heute gewandelten Rechtsauffassung sich nicht scheuen darf, in solchen Fällen Opfer zu bringen, erschien es unbillig, daß der Kläger nun Ersatz des ihm entgangenen Gewinns verlange. Das Reichsgericht erklärte, daß so die Abweisung der Klage nicht begründet werden könne. Das deutsche Beamtengesetz von 1937 hat das Gebot beamtenrechtlicher Fürsorge, wie es früher durch die reichsgerichtliche Rechtsprechung nach dem Vorbild des § 618 BGB. entwickelt worden war, ausdrücklich bestätigt; es kann ihm nichts ferner gelegen haben, als früher entstandene Schadenersatzansprüche dieses Ursprungs irgendwie einzuschränken. Für derartige Ansprüche aus der zurückliegenden Zeit muß aber schon aus Gründen innerer Selbstverständlichkeit hinsichtlich des Maßes der Fürsorge die Rechtslage zur Zeit der Verletzung des Fürsorgegebots maßgebend sein, auch was die Frage angeht, welche Anforderungen die Behörde an ihre Beamten stellen durfte, ohne dem Fürsorgegebot zuwiderzuhandeln. Das Berufungsgericht hatte angenommen, daß der Erwerb der Wertpapiere sowohl in bürgerlich-rechtlicher wie auch in beamtenrechtlicher Hinsicht einwandfrei gewesen sei. War das der Fall, so ist daran durch die Bestimmungen des deutschen Beamtengesetzes, das sich keinerlei rückwirkende Kraft beilegt und den Umfang der Beamtenpflichten jedenfalls für die Zeit vor dem Umbruch unberührt läßt, nichts geändert worden; für Ruhestandsbeamte ist das bisherige Recht im allgemeinen sogar weiterhin in Geltung belassen worden. Die Opferbereitschaft, die nach dem Gesetz von den Beamten erwartet wird, läßt sich nicht soweit ausdehnen, daß der Beamte einwandfrei erworbene Vermögensstücke zur Verfügung stellen müßte, um Schwierigkeiten zu beseitigen, die dem öffentlichen Dienstherrn ohne Verschulden des Beamten entstanden sind. Aus den Vorschriften des deutschen Beamtengesetzes ließ sich also ein

Einwand gegen den Klaganspruch nicht halten. Eine andere Frage war aber, ob die Voraussetzungen für den erhobenen Anspruch gegeben waren. Dafür war nicht schon entscheidend, ob der Erwerb der Wertpapiere durch den Kläger einwandfrei war; die Haftung der beklagten Bank war vielmehr vor allem davon abhängig, ob ihre Maßnahmen die nach den obwaltenden Umständen gebotene Rücksicht auf die Belange des Beamten verletzten und ob ihr insoweit ein Verschulden zur Last fiel. Die Aufteilung so großer Mengen ausgeloster oder gekündigter Wertpapiere unter die Beamten war kein Vorgang des regelmäßigen Geschäftsbetriebs; demgemäß mußte die Angelegenheit von der neuen Leitung der Bank nicht nur vom rein geschäftlichen Standpunkt, sondern auch von dem der Beamtendisziplin aus beurteilt werden. Der Umstand, daß die Geschäfte ordnungsmäßig durch die Handelsbücher der Bank gelaufen waren, änderte daran nichts. Es konnte nicht wundernehmen, daß die Leitung der Bank, als sie das Fehlen der inzwischen zu erheblichem Wert gelangten Papiere in ihren Depots entdeckte und feststellte, daß sie im Besitz der Beamten waren, zu der Vermutung kam, daß dies kaum mit rechten Dingen zugegangen sein konnte. Die Beamten konnten selbst nicht bestreiten, daß sie die Papiere nicht für wertlos gehalten, sondern in der Absicht, daran zu verdienen, erworben hatten; sie hatten also ihre Stellung im Betriebe der beklagten Bank dazu benutzt, um sich Gewinnaussichten zu sichern, die der Beklagten selbst oder ihren Kunden gebührten. Ein solches Vorgehen von Beamten einer öffentlichen Bank ist aufs Schwerste zu mißbilligen. Es wurde auch durch die Zustimmung des früheren Leiters der Bank nicht gerechtfertigt. Kein Beamter darf sich auf die Mitverantwortung eines anderen berufen, um damit seine Haftung für eine Dienstpflichtwidrigkeit abzuwenden. Hiernach konnte dem Vorstand der beklagten Bank kein Ermessensmißbrauch vorgeworfen werden, wenn er den geschaffenen Zustand als dienstpflichtwidrig ansah und sich auf dem Dienstwege bemühte, die Beamten zur Zurückgabe der Papiere anzuhalten. Insoweit hatte er auch an erster Stelle auf die zweifellos gefährdet erscheinenden Belange der Beklagten Rücksicht zu nehmen; diese waren denen der Beamten schon deshalb voranzustellen, weil den Beamten die sehr erheblich angewachsenen Vermögenswerte ohne jede innere Berechtigung zugefallen waren. Wenn der Vorstand der Bank unter Hinweis auf den Ernst der Sache den Beamten nahelegte, die Papiere zurückzugeben, war das nicht verfehlt. Den Beamten war eine ausreichende Zeit zur Überlegung gelassen worden; es fehlte dem Kläger, der Prokurist der Bank gewesen war, auch nicht an der nötigen Geschäftsgewandtheit, um die Folgen seines Entschlusses selbst zu prüfen. Nach alledem war eine schuldhafte Verletzung der Fürsorgepflicht der Beklagten zu verneinen. (III, 10. Dezember 1937.) Amtl. Sammlg. S. 145—153. Vgl. Bd. 130 S. 401; Bd. 152 S. 1.

25. Patent. Vorbenutzung. Glatter Gleichwert. (PatG. §§. 6, 13, 17.) Gegenüber einer Klage wegen Patentverletzung wurde eingewendet, die im Patent geschützte Erfindung sei schon vor dem Kriege offenkundig benutzt gewesen; der Schutz des Patents müsse sich deshalb streng auf die darin beschriebene Ausführungsform beschränken, so daß ähnliche Erzeugnisse nicht gegen das Patent verstießen. In zwei Rechtszügen drang die Klage durch. Das Reichsgericht wies sie ab. Das Berufungsgericht war davon ausgegangen, daß tatsächlich die durch das Patent geschützte Erfindung durch eine offenkundige Vorbenutzung restlos weggenommen worden sei; es hatte aber angenommen, daß der Schutzbereich des Patents für eine vollkommen vorweggenommene Erfindung grundsätzlich auch die glatten, nicht vorbekannten Gleichwerte umfasse. Dieser Auffassung trat das Reichsgericht entgegen. Stellt sich nach Ablauf der Fünfjahresfrist, innerhalb deren die Vernichtung eines erteilten, in Wirklichkeit aber nicht patentfähigen Schutzrechts betrieben werden kann, heraus, daß die Erfindung in Wirklichkeit vorweggenommen ist, so verlangen verschiedene, einander entgegengesetzte Belange Beachtung. Auf der einen Seite steht die Forderung nach der Weitergeltung des unangreifbar gewordenen obrigkeitlichen Aktes der Patenterteilung und nach der Rechtssicherheit nicht nur des einzelnen Schutzrechtsinhabers, sondern der ganzen gewerblichen Wirtschaft, auf der anderen Seite die Forderung nach dem Schutz nur des wirklichen Erfinderverdienstes und nach einer möglichst geringen Sperrwirkung von Schutzrechten, hinter denen in

Wirklichkeit keine Erfindung steht. Die nachträgliche Entwertung des Schutzrechts verbietet sich nach dem Gesetz, das eine fünfjährige Ausschlußfrist für die Vernichtung vorsieht. Infolgedessen bleibt nur eine mittlere, die verschiedenen Belange gegeneinander abwägende Lösung übrig. Das Reichsgericht hat sie in einer früheren Entscheidung dahin getroffen, daß nur der Gegenstand der Erfindung im Sinne der beschriebenen Ausführungsform, und zwar grundsätzlich ohne die Möglichkeit, diesen Bereich irgendwie durch Auslegung zu erweitern, geschützt ist. Damit ist zwar das Patent in einem gewissen Maße praktisch entwertet, es bleibt aber seine technische Lehre, wenn auch in ihrem engsten Umfang, geschützt. Auf der anderen Seite ist die Sperrwirkung des Patents, das in Wirklichkeit des erfinderischen Verdienstes entbehrt, verhältnismäßig gering und wird die Allgemeinheit nicht mehr beschränkt, als es das Vorhandensein des unangreifbar gewordenen Patents erfordert. Damit verträgt es sich nicht, den Schutzbereich durch Einbeziehung der glatten Gleichwerte doch wieder zu erweitern. Das Interesse der Allgemeinheit und der sich fortentwickelnden Technik verlangt, daß ein in Wirklichkeit nicht schutzwürdiges Patent nicht über seinen unmittelbaren Gegenstand hinaus geschützt wird. (I, 7. Januar 1938.) Amtl. Sammlg. S. 154—159. Vgl. Bd. 140 S. 366.

26. Vollstreckungsklausel. (ZPO. § 731.) Die Klage auf Erteilung der Vollstreckungsklausel ist bei dem Prozeßgericht erster Instanz zu erheben. Diese Vorschrift schließt aber nicht aus, daß in einem neuen Rechtsstreit der Antrag auf Erteilung der Vollstreckungsklausel im Weg einer Klageänderung im zweiten Rechtszug eingebracht wird, sofern nur dieser Rechtsstreit im ersten Rechtszug vor dem Prozeßgericht erster Instanz der früheren Sache verhandelt wurde. Infolge Berufung kann das Gericht des zweiten Rechtszugs immer zur Entscheidung berufen sein, auch wenn die Klage im ersten Rechtszug erhoben worden ist. Das Interesse, das der Beklagte daran hat, daß ein Anspruch im Wege der Klage nicht im zweiten Rechtszug zum erstenmal geltend gemacht wird, ist durch sein Recht, der Klageänderung zu widersprechen, gewahrt. (VII, 25. Februar 1938.) Amtl. Sammlg. S. 159—161.

27. Ruhegehaltsangleichung. Zurückforderung. Fürsorgepflicht. Treu und Glauben. (BeamtRÄndG. §§ 40 ff.) Der Vorstand einer preußischen Kreissparkasse wurde am 1. Januar 1932 vor Erreichung der Altersgrenze in den Ruhestand versetzt; schon vorher war ihm für 13 Jahre die Weitergewährung seines vollen Gehalts zugesichert worden. In Erfüllung dieser Zusage gewährte ihm die Sparkasse zu seinem Ruhegehalt von monatlich 475 *RM* einen Zuschuß von monatlich 220 *RM*. Nach Erlaß des Gesetzes über die Abänderung des Beamtenrechts teilte ihm die Sparkasse am 16. Oktober 1933 mit, daß die weiteren Zahlungen im Hinblick auf dieses Gesetz nur unter Vorbehalt erfolgen könnten; in einem weiteren Schreiben vom 18. Januar 1934 wies sie darauf hin, daß mit einer Kürzung vom 1. Oktober 1934 bestimmt zu rechnen sei und daß vom 1. Januar 1934 an die Stellenzulage gesperrt werde, um die zurückzuzahlenden Beträge nicht zu sehr auflaufen zu lassen. Auf eine Beschwerde hin wurde die Sparkasse von dem Regierungspräsidenten als Aufsichtsbehörde angewiesen, die einbehaltenen Beträge auszuzahlen. Am 29. November 1935 wurden durch eine Verfügung des Regierungspräsidenten die Ruhegehaltsbezüge mit rückwirkender Kraft vom 1. Oktober 1933 an auf monatlich 302 *RM* festgesetzt und der Zuschuß gestrichen. Mehrere Beschwerden hiegegen blieben erfolglos. Die Sparkasse verlangte Zurückzahlung der zuviel bezahlten Beträge in der Höhe von 9741 *RM*. Der Beklagte bezeichnete dieses Verlangen als unbillig und gegen Treu und Glauben verstoßend; nach Wiedergewährung der einbehaltenen Bezüge habe er damit rechnen müssen, daß es endgültig bei den bisherigen Bezügen verbleibe, und habe deshalb die erhaltenen Beträge verbraucht. In allen Rechtszügen drang die Klage durch. Die ihr zugrunde liegende Angleichungsverfügung konnte im Rechtsweg nicht nachgeprüft werden; im Streit war nur, ob der Rückforderungsanspruch noch geltend gemacht werden konnte, nachdem die Durchführung bis Ende 1935 verzögert worden war. Der Wirksamkeit der Verfügung stand die Vorschrift des Gesetzes nicht entgegen, daß die notwendigen Maßnahmen bis zum 31. Dezember 1933 durchzuführen seien; auch bestand an sich die Zurückzahlungspflicht des Beklagten uneingeschränkt für die ganze Zeit seit dem 1. Oktober 1933. Die Rückwirkung der Angleichung traf allerdings den Beklagten wegen der damit verbundenen Verpflichtung zur Erstattung von rund 10000 RM sehr hart, zumal wenn seine Behauptung richtig war, daß er nach einer Rücksprache mit dem Sachbearbeiter der Regierung der festen Überzeugung gewesen sei, eine Angleichung komme bei ihm überhaupt nicht in Frage. Trotzdem konnte nicht anerkannt werden, daß dann schon eine unerträgliche, der Absicht des Gesetzes offensichtlich nicht entsprechende Unbilligkeit oder eine mit dem Gesetzeszweck unvereinbare übermäßige Härte gegeben sei. Wenn die zurückzuzahlende Summe so hoch blieb, zeigte das nur, wie stark das Ruhegehalt des Beklagten überhöht war. Daß das Gesetz bei Rückerstattungsansprüchen gegenüber Beamten auch Härten in den Kauf nimmt, zeigt die Neufassung des § 39 des Reichsbesoldungsgesetzes durch § 50 des Gesetzes über die Änderung des Beamtenrechts, wonach zuviel gezahlte Dienst- und Versorgungsbezüge auch dann zurückgefordert werden können, wenn eine Bereicherung nicht mehr vorliegt. Ob der Beklagte aus der ihm vom Sachbearbeiter der Regierung erteilten Zusicherung Rechte gegen den preußischen Staat herleiten konnte, kam für den vorliegenden Rechtsstreit nicht in Betracht. Eine mit den Zwecken des Gesetzes unvereinbare Härte, die zu einer Beseitigung oder Einschränkung der vom Gesetz gewollten Rückzahlungspflicht führen müßte, war um so weniger anzuerkennen, als der Beklagte kinderlos und vermöglich war, außerdem im Jahre 1931 eine Abfindung von 13000 RM erhalten hatte. Der Beklagte hatte auch Schadenersatzansprüche zur Aufrechnung gestellt, die er aus einer Amtspflicht- und Fürsorgepflichtverletzung der Klägerin herleitete. Die Amtspflichtverletzung wollte er darin finden, daß die Klägerin die Ausgleichsmaßnahmen nicht alsbald durchgeführt hatte. Dazu war sie aber nur dem Reich, nicht den in ihren Bezügen anzugleichenden Beamten gegenüber verpflichtet. Der Fürsorgepflicht, die der Klägerin ihren Beamten gegenüber oblag, entsprach es, daß die Klägerin wiederholt den Beklagten auf die Möglichkeit einer Gehaltsangleichung mit rückwirkender Kraft hinwies. In der Auszahlung der zuerst innebehaltenen Beträge konnte aber eine schuldhafte Fürsorgepflichtverletzung nicht er-

blickt werden, nachdem die Klägerin hier nach Weisungen des Regierungspräsidenten handelte. (III, 1. März 1938.)
Amtl. Sammlg. S. 161—168.
Vgl. Bd. 151 S. 19.

28. **Zustellungsbevollmächtigter. Wiedereinsetzung. Armenrecht.** (ZPO. §§ 185, 232, 233, 234; RAO. §§ 19, 20, 111.) In einem Ehestreit hatten die beiden Rechtsanwälte eine und dieselbe Persönlichkeit als Zustellungsbevollmächtigten bezeichnet. Dieser Persönlichkeit wurde das Urteil des Landgerichts, das die Klage abwies, am 29. Mai 1937 zugestellt. Der Kläger bat für den zweiten Rechtszug um das Armenrecht. Dieses wurde ihm bewilligt. Der Beschluß wurde am 30. Juni 1937 dem Rechtsanwalt zugestellt, der ihm beigeordnet wurde; dem Kläger wurde eine Abschrift des Beschlusses übersandt. Der Rechtsanwalt legte am 31. Juli Berufung ein und bat um Wiedereinsetzung in den vorigen Stand gegen die Versäumung der Berufungsfrist. Die Berufung wurde als unzulässig verworfen; die Revision hatte keinen Erfolg. Daß das landgerichtliche Urteil für beide Parteien einer und derselben Persönlichkeit zugestellt wurde, machte die Zustellung nicht unwirksam. Unzulässig ist nur die Zustellung an eine Person, die an dem Rechtsstreit als Gegner der Partei beteiligt ist, an welche die Zustellung erfolgen soll. Die Berufungsfrist war also schon abgelaufen, als für den Kläger Berufung eingelegt wurde. Wiedereinsetzung gegen die Versäumung einer Frist kann nur gewährt werden, wenn die Partei durch Naturereignisse oder andere unabwendbare Zufälle an der Einhaltung der Frist gehindert war. Als ein Hindernis solcher Art ist auch die Armut einer Partei anzuerkennen, die sie hindert, einen Anwalt als Prozeßbevollmächtigten zu bestellen. Dieses Hindernis war weggefallen, sobald dem Kläger ein Anwalt beigeordnet und ihm diese Beiordnung bekanntgegeben worden war. Das war am 30. Juni 1937 der Fall. Der Kläger hätte sich daraufhin alsbald mit dem Anwalt ins Benehmen setzen und die Fortsetzung des Rechtsstreits betreiben müssen. Wenn er nichts dergleichen tat, sondern sich um die Sache nicht kümmerte, bis ihn der Anwalt zu einem Besuch aufforderte, lag darin eine grobe Nachlässigkeit, deren Folgen er zu tragen hatte. Allerdings ist die förmliche Zustellung des Beschlusses

über die Bewilligung des Armenrechts an die Partei vorgeschrieben; diese Zustellung ist aber keineswegs die rechtliche Voraussetzung dafür, daß der Beschluß überhaupt als vorhanden angesehen werden kann. (IV, 10. März 1938.) Amtl. Sammlg. S. 168—172.

Vgl. Bd. 115 S. 61; JW. 1899 S. 304.

29. Pacht. Mangel. Irrtum. Anfechtung. (BGB. §§ 119, 537, 538, 539, 442.) Ein Pachtvertrag wurde wegen Irrtums über Mängel der Pachtsache angefochten. Der Klage auf Feststellung der Nichtigkeit des Vertrags setzte der Beklagte den Einwand entgegen, daß die Sonderregelung, die für den Fall von Sachmängeln einer Miet- oder Pachtsache getroffen ist, eine Anfechtung wegen Irrtum ausschließe. Für den Kauf ist das durch die Rechtsprechung anerkannt; die Rechtslage ist aber bei Miete und Pacht nicht die gleiche. Beim Kauf gibt das Wandlungsrecht den Weg, den Vertrag rückgängig zu machen; eine entsprechende Bestimmung fehlt im Miet- und Pachtrecht. Das Kündigungsrecht ist kein Ersatz für die Auflösung eines Vertrags von Anbeginn und darum auch kein Grund für die Ausschließung einer Vertragsanfechtung wegen Irrtum. (IV, 10. März 1938.)

Amtl. Sammlg. S. 173—175.

30. Ausbietungsgarantie. Änderung der Geschäftsgrundlage. (BGB. §§ 242, 459, 493.) Eine Bank hatte auf einem Waldgut eine Grundschuld von 4200000 *RM* liegen. Das Gut wurde zum Zwecke der Zwangsversteigerung beschlagnahmt. O. schloß mit der Bank einen Vertrag, wodurch er sich verpflichtete, in der Versteigerung die Grundschuld der Bank in Höhe von 2950000 *RM* auszubieten; die Bank sollte nach Zahlung dieses Betrags die Grundschuld an ihn abtreten. Zugleich übernahm die Bank die Gewähr für eine Größe des Guts von etwa 8300 Morgen. Nachträglich wurden noch Vereinbarungen getroffen für den Fall, daß ein Dritter den Zuschlag erhalten sollte. Mehrere Monate vor der Versteigerung ging über das Gut ein Sturm hinweg, der großen Schaden anrichtete. O. teilte darauf der Bank mit, daß er auf das Gut nur unter dem Vorbehalt bieten könne, daß bei der Erfüllung seiner Verpflichtung der Schaden berücksichtigt werde; er erklärte sich damit einverstanden, daß die Bank selbst mitbiete. Bei der Versteigerung erhielt er für ein

Gebot von 2200000 *RM* den Zuschlag. Da die Bank es ablehnte, sich die durch den Sturm verursachte Wertminderung auf die zugesicherte Summe von 2950000 *RM* anrechnen zu lassen, zahlte er die Summe aus und klagte auf Zurückzahlung des der Wertminderung entsprechenden Teils. In zwei Rechtszügen drang die Klage durch. Das Reichsgericht verwies die Sache zurück. Die Untergerichte hatten den Minderungsanspruch nach den Vorschriften über die Gewährleistung beim Kauf beurteilt. Das erklärte das Reichsgericht für unzulässig. Die Vorschriften über die Verpflichtung des Verkäufers zur Gewährleistung wegen Mängel der Sache finden allerdings auch auf solche Verträge Anwendung, die auf Veräußerung einer Sache gegen Entgelt gerichtet sind; ein solcher Vertrag liegt aber nicht vor, wenn der eine Teil dem anderen nur die tatsächliche oder rechtliche Möglichkeit verschaffen soll, das Grundstück eines Dritten in der Zwangsversteigerung zu erwerben. Wenn auch die Beklagte durch ihre Grundschuld das Gut wirtschaftlich beherrschte und durch ihr Abkommen mit dem Kläger diesem den Erwerb des Gutes tatsächlich sicherte, ebnete sie doch dem Kläger lediglich den Weg, das Gut zu erwerben, übernahm aber keine Rechtspflicht, ihm das Eigentum zu verschaffen. Das bewies besonders deutlich der Inhalt der nachträglichen Vereinbarungen. Der Vertrag war nicht auf die Übertragung des Eigentums an dem Waldgut, sondern höchstens auf die Übertragung der Grundschuld und der aus dieser sich ergebenden Machtstellung gerichtet. Auf einen solchen Vertrag sind die Vorschriften über die Haftung des Verkäufers für Sachmängel nicht zugeschnitten und deshalb weder unmittelbar noch entsprechend anzuwenden. Damit war aber die Klage nicht zur Abweisung reif. Es war nicht ausgeschlossen, daß die Parteien zur Geschäftsgrundlage ihres Vertragsschlusses einen nicht in der Zeit zwischen Vertragsschluß und Zuschlag durch völlig unvorhersehbare höhere Gewalt wesentlich veränderten Baumbestand gemacht hatten. Nach dieser Richtung war die Sache noch zu prüfen. (V, 17. März 1938.) Amtl. Sammlg. S. 175—179.

Vgl. Bd. 150 S. 397; JW. 1911 S. 533.

31. Saarland. Aufwertung. Revisibles Recht. (ZPO. § 549; VO. über die vorläufige Regelung der Gerichtsverfassung im Saarland vom 22. Februar 1935; VO. zur überleitung der Rechtspflege im Saarland vom 22. November 1935; AnlAblG. von 1925 §§ 30, 40; AufwVO. für das Saarland vom 22. April 1929; VO. über die Ablösung der Markanleihen der Gemeinden und Gemeindeverbände im Saarland vom 25. September 1935; VO. über die Einführung der reichsrechtlichen Vorschriften im Saarland vom 27. September 1935.) Im Jahre 1917 gewährte die Reichsbahnversicherungsanstalt einer Stadt im Saargebiet ein Darlehen von 5 Millionen Reichsmark auf Grund eines von dem Vertreter der Stadt unterzeichneten Zins- und Tilgungsplanes. Im Jahre 1923 wurde das Darlehen in entwertetem Geld heimbezahlt. Nach der Wiedervereinigung des Saarlandes mit dem Reich erhob die Versicherungsanstalt Aufwertungsansprüche. Ihre Klage wurde in allen Rechtszügen abgewiesen. Das Anleiheablösungsgesetz kam nicht zur Anwendung, da es sich nicht um ein Schuldscheindarlehen handelte. Nach der saarländischen Aufwertungsordnung von 1929 blieb die Aufwertung von Anleihen der Gemeinden einer späteren Regelung vorbehalten. Das Berufungsgericht hatte angenommen, daß das in Frage stehende Darlehen als Anleihe im Sinne dieser Vorschrift aufzufassen sei. Hieran war das Reichsgericht gebunden, da die saarländische Aufwertungsverordnung nicht revisibel ist; ihre Geltung war von vornherein auf das Saargebiet beschränkt und ist das auch nach dessen Rückgliederung in das Reich mangels abweichender reichsgesetzlicher Regelung geblieben. Die Verordnung über die Ablösung der Markanleihen der Gemeinden und Gemeindeverbände vom 25. September 1935 ist allerdings revisibel, konnte aber auf den vorliegenden Fall keine Anwendung finden, weil nach der rechtlich unanfechtbaren Annahme des Berufungsgerichts das Darlehen der Klägerin keine Anleihe darstellte. Die Verordnung über die Einführung reichsrechtlicher Vorschriften im Saarland vom 27. September 1935 hatte die Klägerin dahin ausgelegt, daß durch sie der Rechtszustand im Saarland dem des Reiches angeglichen werden solle. Für eine Aufwertung der Gemeindedarlehen, über die Schuldscheine nicht ausgestellt sind, gibt aber die Verordnung keinen Anhalt. (IV, 21. März 1938.) Amtl. Sammlg. S. 179—187

32. **Ruhestandsbeamter. Treupflicht. Aktenverwahrung.** (StGB. § 133; PrALR. §§ 88, 89 II 10.) Ein Justiz-

beamter, der die Vormundschafts- und Nachlaßakten zu bearbeiten hatte, trat im Jahre 1929 in den Ruhestand. Da er befürchtete, daß ihm in einer Sache wegen Nichteinforderung von Gebühren Vorwürfe gemacht werden könnten, nahm er die Akten mit sich und behielt sie bis zum Jahre 1935 in seiner Wohnung. Nachdem er sie zurückgegeben hatte, stellte sich heraus, daß zu wenig Gebühren eingehoben worden waren. Eine nachträgliche Einforderung war wegen Verjährung nicht möglich. Das Deutsche Reich klagte gegen den Beamten auf Schadenersatz. Die Klage drang in allen Rechtszügen durch. Eine strafrechtliche Handlung war allerdings in dem Verhalten des Beklagten nicht zu finden, wohl aber eine schuldhafte Verletzung der Treupflicht, die auch dem in den Ruhestand getretenen Beamten gegenüber dem Staat obliegt. Auch wenn ihm die Mitnahme der Akten erlaubt worden war, lag darin doch keine Genehmigung ihrer dauernden Entfernung aus der amtlichen Verwahrung. Jedenfalls hatte der Beklagte die Pflicht, vor Ablauf der Verjährungsfrist die Akten zurückzugeben und auf den drohenden Ablauf der Verjährung hinzuweisen. (V, 28. März 1938.)
Amtl. Sammlg. S. 187—192.

33. Kraftwagenverkehr. Unbeschrankter Bahnübergang. Mitverschulden. Beweislast. (KraftFahrzG. §§ 7, 17; R.-StrVO. §§ 25, 27; BGB. §§ 254, 276.) Für eine Kleinbahn war von deren Leitung bestimmt, daß ein Übergang, der mit Schranken versehen und an der Straße als beschrankter Bahnübergang bezeichnet war, bei der Durchfahrt von Triebwagen nicht geschlossen werden sollte; die Triebwagenführer waren angewiesen, vor dem Übergang zu halten und sich zu überzeugen, ob die Straße frei sei. Der Führer eines Triebwagens ließ diese Anweisung unbeachtet; er stieß demzufolge auf dem Übergang mit einem Kraftwagen zusammen. Der Eigentümer des Kraftwagens klagte gegen die Kleinbahn auf Schadenersatz. Das Berufungsgericht erkannte den Anspruch zur Hälfte als begründet an. Das Reichsgericht verwies die Sache zurück. Durch die Reichsstraßenordnung ist das Vorrecht der Eisenbahnen aufrechterhalten geblieben, wonach Kraftfahrzeuge in angemessener Entfernung vor einem Bahnübergang angehalten werden müssen, wenn der Übergang geschlossen ist, wenn bei beschranktem Übergang das Läutwerk ertönt oder wenn ein Zug sich nähert. Darüber hinaus hat bei der Annäherung an einen Bahnübergang ein Kraftwagenführer, wie jeder Teilnehmer am Straßenverkehr, die allgemeine Verpflichtung zur Aufmerksamkeit. Das Maß dieser Aufmerksamkeit ist verschieden, je nachdem es sich um einen unbeschrankten oder beschrankten Übergang handelt. Im ersten Falle muß der Straßenbenutzer jederzeit mit dem Herannahen von Zügen rechnen und sich bereit halten, das Vorrecht der Bahn zu beachten. Im zweiten Falle übernimmt es die Bahn, die Annäherung von Zügen durch Läutezeichen und durch Herablassen der Schranken anzukündigen. Hier genügt der Kraftfahrer seiner Verpflichtung, wenn er seine Geschwindigkeit so einrichtet, daß er nötigenfalls, d. h. beim Ertönen des Läutwerks oder beim Herablassen der Schranken, halten kann. Seine Aufmerksamkeit hat sich vor allem darauf zu richten, ob die Schranken offen sind oder sich im Niedergehen befinden; daneben hat er die vor ihm liegende Strecke auf eine mögliche Verengung der Straßenbreite zwischen den Schrankenpfosten, auf Bodenwellen, Gegenverkehr usw. zu beobachten. Eine Pflicht zur Beobachtung, ob ein Zug trotz Offenstehens der Schranken den Übergang durchfahren will, hat er nur insoweit, als ihm dazu bei Erfüllung der vorgenannten Pflichten die Möglichkeit verbleibt. Unübersichtlichkeit der Strecke geht nicht zu seinen Lasten. Zu beachten war auch die Behauptung des Klägers, daß er selbst bei Ansichtigwerden des Triebwagens habe annehmen dürfen, daß dieser vor dem Straßenübergang halten werde. (VII, 12. Januar 1938.)

Amtl. Sammlg. S. 193—197.
Vgl. Bd. 142 S. 303.

34. **Staatshaftung. Rechtsweg.** (ReichsVerf. Art. 131; BGB. § 839; RAbgO. § 242; GVG. § 13.) Bei einem Geschäftsmann wurde im Mai 1932 eine Betriebsprüfung vorgenommen. Hierbei wurde festgestellt, daß er für die Jahre 1927 bis 1930 den Gewerbsgewinn zu niedrig angegeben hatte. Es wurde eine Nachzahlung eingefordert. Hiegegen legte er Einspruch ein und führte zu dessen Begründung an, daß er im August 1931 seine früheren Einkommensangaben berichtigt und Steueramnestie in Anspruch genommen habe. Der Einspruch wurde zurückgewiesen, weil die Berichtigung nicht eingegangen sei. Nach-

dem er den größten Teil der geforderten Nachzahlung entrichtet hatte, wurde die Berichtigung aufgefunden; sie war in ein falsches Aktenheft geraten. Der Präsident des Landesfinanzamts lehnte einen Antrag auf Zurückgabe der Nachzahlungen ab. Die Klage der Witwe und Erbin auf Schadenersatz wurde in zwei Rechtszügen wegen Unzulässigkeit des Rechtswegs abgewiesen. Das Reichsgericht verwies die Sache zurück. Der Präsident des Landesfinanzamts hatte seine Entscheidung damit begründet, daß ein rechtzeitiger Eingang der Berichtigung nicht nachgewiesen sei. An diese Entscheidung waren die Gerichte gebunden. Die Klägerin verlangte auch nicht eine Aufhebung dieser Entscheidung, verfolgte vielmehr ihren Schadenersatzanspruch auf Grund der Behauptung, daß Beamte des Finanzamts ihr und ihrem verstorbenen Manne unmöglich gemacht hätten, den Nachweis des rechtzeitigen Eingangs der Berichtigung zu erbringen. Hiebei hatten allerdings die Gerichte erneut zu prüfen, ob die Berichtigung rechtzeitig eingereicht worden war; das hatte aber unter einem anderen Gesichtspunkt und in Verbindung mit bestimmten, eine Amtspflichtverletzung begründenden Behauptungen zu geschehen. Genügten die zur Begründung der Klage angeführten Tatsachen den Anforderungen, die an eine Amtshaftungsklage zu stellen waren, so war der Rechtsweg zulässig. Voraussetzung für die Verfolgung eines solchen Anspruchs ist, daß in genügend schlüssiger Weise durch bestimmte tatsächliche Angaben ein Sachverhalt dargelegt wird, der ein schuldhaft pflichtwidriges und daher zum Schadenersatz verpflichtendes Verhalten eines beteiligten Beamten in Ausübung der ihm anvertrauten öffentlichen Gewalt klar erkennen läßt. Fehlt es daran, läuft also das Klagevorbringen darauf hinaus, daß eine Verwaltungsentscheidung oder eine andere Maßnahme der Verwaltung unabhängig von der schuldhaften Amtspflichtverletzung eines beteiligten Beamten als unrechtmäßig angefochten werden soll, so steht der Rechtsweg nicht offen; dann liegt in Wahrheit keine Schadenersatzklage aus Amtspflichtverletzung vor, sondern der unzulässige Versuch, im Gewande der Amtshaftungsklage über einen Steuererstattungsanspruch durch die ordentlichen Gerichte, die hierfür nicht zuständig sind, entscheiden zu lassen. Die tatsächliche Klagebegründung muß also mindestens die

Möglichkeit eines bürgerlich-rechtlichen, vor den ordentlichen Gerichten zu verfolgenden Anspruchs ergeben. Das traf hier zu. Die Klägerin behauptete, der zuständige Beamte habe die rechtzeitig eingereichte Berichtigung nicht ordnungsgemäß in Verwahrung genommen und nicht in das richtige Aktenheft eingelegt; sie bot Beweis dafür an, daß die Berichtigung nach Angaben eines Steuerberaters abgefaßt und rechtzeitig in den Briefkasten des Finanzamts gelegt worden sei, daß auch der zuständige Beamte später Äußerungen gemacht habe, die darauf schließen ließen, daß er die Anzeige nicht richtig behandelt hatte. Damit war die Amtshaftungsklage tatsächlich begründet; die Ansicht des Berufungsgerichts, es fehle an einem außerhalb des rein steuerrechtlichen Tatbestandes liegenden tatsächlichen Vorbringen, das einen Schadenersatzanspruch rechtfertigen könne, war nicht haltbar. Ob gegen den ablehnenden Bescheid des Präsidenten des Landesfinanzamts mit den Rechtsbehelfen der Reichsabgabenordnung hätte vorgegangen werden können, war ohne Belang; unter den Rechtsmitteln im Sinne des § 839 BGB. sind nur solche zu verstehen, die nach gesetzlicher Ordnung die Beseitigung oder Berichtigung der schädigenden Amtshandlung herbeiführen können, also solche, die sich unmittelbar gegen die schädigende Amtshandlung richten. (III, 4. Febr. 1938.) Amtl. Sammlg. S. 197—206. Vgl. Bd. 138 S. 114; Bd. 140 S. 84; Bd. 146 S. 257, Bd. 150 S. 174, 323.

35. **Öffentlich-rechtliche Genehmigung. Unzulässige Rechtsausübung. Formmangel.** (BGB. §§ 242, 765.) Zwischen einer sächsischen Gemeinde und einer Gesellschaft wurde ein Abkommen getroffen, wonach die Gesellschaft verschiedene Forderungen auf die Gemeinde übertrug, während diese die Bürgschaft für andere Forderungen der Gesellschaft übernahm. Die nach der sächsischen Gemeindeordnung für die Übernahme einer Bürgschaft durch eine Gemeinde erforderliche Genehmigung der vorgesetzten Behörde wurde nicht nachgesucht; der Bürgermeister erklärte sie dem Vertreter der Gesellschaft gegenüber für unnötig. Eine auf Grund der Bürgschaft erhobene Klage drang in zwei Rechtszügen durch. Das Reichsgericht verwies die Sache zurück. Das Berufungsgericht hatte sein Urteil damit begründet, daß nach den besonderen Umständen und

den Grundsätzen von Treu und Glauben und unzulässiger Rechtsausübung die Gemeinde die Rechtsunwirksamkeit der Bürgschaft nicht geltend machen dürfe, sich vielmehr so behandeln lassen müsse, als ob die Genehmigung erteilt worden sei. Das Reichsgericht erklärte, daß geprüft werden müsse, ob es nach den Beziehungen der Parteien und den gesamten Umständen Treu und Glauben widersprechen würde, die Vertragsansprüche an dem Formmangel scheitern zu lassen. Da die Gesellschaft nur im Vertrauen auf die Bürgschaft der Gemeinde dieser ihre Forderungen überließ, war die Annahme des Berufungsgerichts, die Gemeinde müsse sich so behandeln lassen, als ob die Bürgschaft rechtsgültig sei, an sich nicht rechtsirrig; es kam auch nicht darauf an, ob die Genehmigung, falls man sie erbeten hätte, erteilt worden wäre. Grundsätzlich muß aber daran festgehalten werden, daß eine Gemeinde aus einer Willenserklärung, die der behördlichen Genehmigung bedarf, im Fall ihres Fehlens auch dann nicht in Anspruch genommen werden kann, wenn an sich sonst nach den Umständen dem Gegner gegenüber die Ablehnung der Erfüllung gegen Treu und Glauben verstieße. Die Willenserklärungen der Gemeinden sollen in ihrer Rechtswirksamkeit von der Zustimmung der Aufsichtsbehörde abhängig gemacht werden, um einen unbedingt wirksamen Schutz gegen Schädigungen aus ihnen zu geben. Diesem entscheidenden Gesichtspunkt gegenüber muß auch der sonst, vor allem im Privatrecht, grundlegende Gedanke der Wahrung von Treu und Glauben in den Beziehungen von Vertragsteilnehmern zurücktreten. Das muß auch für Geschäfte gelten, welche die Gemeinden als Inhaber von Kassen und Banken irgendwelcher Art betreiben. (VI, 26. Februar 1938.) Amtl. Sammlg. S. 207—213.

Vgl. JW. 1936 S. 1826.

36. **Aktiengesellschaft. Holding-Gesellschaft. Kapitalerhöhung. Haftung der Verwaltungsträger. Schutzgesetz. Mittelbarer Schaden.** (BGB. §§ 823, 826; HGB. n. F. §§ 195, 279, 284, 312, 313, 314; RG. zur Änderung des HGB. vom 7. März 1935 Art. 2.) Drei deutsche Versicherungsgesellschaften sollten mit einer amerikanischen Gesellschaft in engere Verbindung gebracht werden. Zu diesem Zweck sollte eine von ihnen zu einer Dachgesellschaft (Holding-Gesellschaft) umgewandelt werden. Ihr Grundkapital

von 10 Millionen Reichsmark wurde auf 30 Millionen Reichsmark erhöht; die Erhöhung wurde aber nur auf den Betrag von 23 Millionen Reichsmark durchgeführt. Die neuen Aktien wurden sämtlich von der amerikanischen Gesellschaft übernommen. Am 16. Februar 1931 wurde die Erhöhung im Handelsregister eingetragen. Bei der Anmeldung versicherten die Mitglieder des Vorstands und des Aufsichtsrats, auf die neuen Aktien sei der volle Gegenwert in einem bestätigten Reichsbankscheck eingezahlt worden und stehe zur Verfügung des Vorstands. Der Scheck war von der amerikanischen Gesellschaft ausgestellt worden; mit dieser war schon vorher vereinbart worden, daß die Holding-Gesellschaft umfangreiche Aktienbestände von ihr erwerben und den Scheck zum Zwecke der Verrechnung wieder zurückgeben solle. Das wurde durchgeführt. Im Juli 1932 wurde die Herabsetzung des Grundkapitals der Holding-Gesellschaft auf 2 Millionen Reichsmark beschlossen; sie wurde in der Weise durchgeführt, daß 1 Million der Aktien eingezogen, die übrigen im Verhältnis von 11 : 1 zusammengelegt wurden. Eine Gewerkschaft, die 2 Millionen Reichsmark Aktien der Holding-Gesellschaft erworben hatte, klagte gegen die Mitglieder des Vorstands und des Aufsichtsrats der Gesellschaft auf Schadenersatz mit der Begründung, daß diese zum Nachteil der Aktionäre eine Reihe unerlaubter Handlungen begangen hätten. Die Erhöhung des Grundkapitals sei wahrheitswidrig als Bar-Kapitalerhöhung angemeldet worden, während in Wirklichkeit eine Sach-Kapitalerhöhung durchgeführt worden sei; dadurch sei die Holding-Gesellschaft so schwer geschädigt worden, daß eine Herabsetzung des Kapitals erforderlich gewesen sei. In zwei Rechtszügen wurde die Klage abgewiesen. Das Reichsgericht verwies die Sache zurück. Die Klage war vor allem auf Verletzung der §§ 312—314 HGB. gestützt. Das Berufungsgericht hatte ausgeführt, die Vorschrift über aktienrechtliche Untreue (§ 312 HGB.; § 294 AktG.) schütze nur Aktionäre, die zur Zeit der schädigenden Handlung oder wenigstens zur Zeit des Schadenseintritts schon Aktionäre gewesen seien, nicht aber solche, die ihre Aktien erst später erworben hätten. Dieser Auffassung trat das Reichsgericht bei. Die Vorschriften über Pflichtverletzungen bei den Anmeldungen und bei der Ausgabe von Aktien

(§§ 313, 314 HGB.; §§ 295, 296 AktG.) hatte das Berufungsgericht als Schutzgesetze zugunsten der Öffentlichkeit erklärt, die zugunsten aller Aktionäre wirkten. Das entsprach der Rechtsprechung des Reichsgerichts. Die Klage war deshalb abgewiesen worden, weil eine Haftung gegenüber mehreren einander folgenden Erwerbern der Aktien nur anerkannt wurde, wenn sie alle sich über die maßgeblichen Vorgänge in Unkenntnis befunden hätten; das traf hier nicht zu, weil die amerikanische Gesellschaft über die Sachlage genau unterrichtet war. Diese Unterscheidung erklärte das Reichsgericht für unhaltbar. Der durch die §§ 313, 314 HGB. zugunsten der Erwerber von Aktien geschaffene Schutz kann nicht schon deshalb entfallen, weil ein Vorbesitzer die Unrichtigkeit der gemachten Angaben kannte und billigte; das Gesetz will ja gerade dem gutgläubigen Erwerber einen Anspruch gegen die schuldhaft handelnden Verwaltungsvertreter geben. Wer gegen ein Schutzgesetz verstößt, muß grundsätzlich jedem, zu dessen Schutz es erlassen ist, den dadurch verursachten Schaden ersetzen. Es ist auch möglich, daß eine Haftung der Verwaltungsträger sowohl gegenüber der Gesellschaft als auch gegenüber den Aktionären besteht, da der Schaden der Gesellschaft und jener der Aktionäre sich nicht zu decken brauchen; so braucht insbesondere bei unrichtigen Angaben bei Anmeldungen die Gesellschaft nicht geschädigt zu sein, während ein Aktionär, der im Vertrauen auf die Wahrheit der Angaben Aktien erworben hat, dadurch zu Schaden gekommen sein kann. Zu ersetzen ist nicht nur unmittelbarer, sondern auch mittelbarer Schaden. Der Schaden des Aktionärs wird häufig gerade darin bestehen, daß das Vermögen der Aktiengesellschaft geschädigt ist und die Aktie dadurch an Wert verloren hat. Die Verwaltungsträger brauchen nicht die Schädigung bestimmter Aktionäre vor Augen zu haben; es genügt vielmehr, daß sie sich allgemein bewußt sind, zum Nachteil auch künftiger Aktienerwerber zu handeln. Die Frage, ob ein Aktionär seinen Schaden aus unerlaubter Handlung nicht eher verlangen kann, als bis feststeht, daß die Gesellschaft selbst keinen Schadenersatzanspruch erhebt, spielte im vorliegenden Falle keine Rolle, weil die Klage der Holding-Gesellschaft gegen ihre Verwaltungsträger rechtskräftig abgewiesen worden war. Die Angaben bei der Anmeldung der Kapitalerhöhung waren unrichtig, da die Holding-Gesellschaft sich schon vorher verpflichtet hatte, große Bestände der Aktien der amerikanischen Gesellschaft zu übernehmen; das sprach dagegen, daß es den Beteiligten auf eine wirkliche Barerhöhung des Grundkapitals ankam. Wenn auch bei Kapitalserhöhungen meist schon im voraus über die Verwendung des einzuzahlenden Kapitals Bestimmung getroffen sein wird, darf das doch nicht dazu führen, eine in Wirklichkeit vorgenommene Sacherhöhung als Kapitalerhöhung anzumelden. Allerdings braucht im Kapitalerhöhungsbeschluß (im Gegensatz zum Gründungsbeschluß) nicht jedes Rechtsgeschäft genannt zu werden, wodurch die Gesellschaft Gegenstände erwirbt, die mit den ihr durch die Kapitalerhöhung zufließenden Mitteln bezahlt werden sollen; die Barmittel aus der Kapitalerhöhung muß sie aber wirklich erhalten. Diesem Erfordernis ist nicht schon dadurch genügt, daß der Vorstand der Gesellschaft einen Scheck erhält, den er einlösen kann; es kommt auch darauf an, ob er dem Aussteller gegenüber dazu berechtigt ist. Dagegen sprachen im vorliegenden Falle starke Bedenken. Wenn der Vorstand den Scheck nur zu dem Zweck erhalten hatte, ihn dem Notar vorzuzeigen, aber verpflichtet war, ihn dann sogleich wieder zurückzugeben, lag keine Einzahlung vor. Die der amerikanischen Gesellschaft obliegende Barleistung war auch durch die Lieferung ihrer Aktien nicht in wirtschaftlich gleichwertiger Weise als erbracht anzusehen. Es kam also darauf an, ob der Schaden der Klägerin auch dann entstanden wäre, wenn die Beklagten den Sachverhalt bei der Anmeldung der Kapitalerhöhung wahrheitsgemäß angegeben hätten. Das erschien schon deshalb fraglich, weil dann die Eintragung der Barerhöhung voraussichtlich nicht erfolgt wäre, weiter auch deshalb, weil die Klägerin dann möglicherweise die Aktien nicht zu dem Preis erworben hätte, den sie dafür zahlte. (II, 5. März 1938.)

Amtl. Sammlg. S. 213—228.

Vgl. Bd. 81 S. 269; Bd. 115 S. 295; Bd. 142 S. 228; Bd. 156 S. 30; JW. 1935 S. 3302.

37. **Öffentlich-rechtliche Person. Vertreter. Verrichtungsgehilfe. Mitverschulden. Auskunft. Haftungsausschluß. Preußische Staatsbank.** (BGB. §§ 30, 31, 40, 89, 254, 276, 278, 826, 831.) Eine Versicherungsgesellschaft

bat die preußische Staatsbank um eine Auskunft. Diese wurde ihr mit der üblichen Ablehnung einer Haftung erteilt. Sie behauptete, die Auskunft sei wissentlich falsch gewesen, und klagte sowohl gegen die Staatsbank wie auch gegen die Beamten, welche die Auskunft unterschrieben hatten, auf Schadenersatz. In zwei Rechtszügen wurde die Klage abgewiesen. Das Reichsgericht verwies die Sache zurück. Nun erkannte das Berufungsgericht den Anspruch dem Grunde nach als gerechtfertigt an. Die von der Staatsbank eingelegte Revision blieb ohne Erfolg. Das Berufungsgericht hatte bei dem einen Beamten der Staatsbank, einem stellvertretenden Mitglied der Generaldirektion, eine vorsätzliche Schädigung der Klägerin und ein Handeln wider die guten Sitten für gegeben erachtet (BGB. § 826). Die Haftung der Staatsbank für diese Handlung hatte das Berufungsgericht auf § 831 BGB. gestützt; eine Haftung aus §§ 31, 89 BGB. hatte es mit der Begründung verneint, daß der Beamte kein verfassungsmäßig berufener Vertreter der Staatsbank gewesen sei. Einen Entlastungsbeweis der Staatsbank hatte das Berufungsgericht für nicht erbracht erklärt; es hatte weiter ausgeführt, ein etwaiges Mitverschulden der Klägerin sei, als nur auf Fahrlässigkeit beruhend, gegenüber der arglistigen Handlungsweise des beklagten Beamten nicht zu beachten. Hiegegen hatte die Staatsbank vor allem eingewendet, daß die Haftung aus § 831 BGB. keine Haftung für die unerlaubte Handlung des Gehilfen, sondern eine Haftung aus vermuteter Fahrlässigkeit des Geschäftsherrn darstelle und darum der Haftungsausschluß durchgreife, der mit der Klägerin bei Erteilung der Auskunft vereinbart worden sei. Das Reichsgericht erklärte, hiezu keine endgültige Stellung nehmen zu können. Die Haftung wegen Vorsatz kann dem Schuldner nicht im voraus erlassen werden; in Frage kam also, ob der Haftungsausschluß auch soweit unzulässig ist, als es sich nicht um Vorsatz des Geschäftsherrn, sondern um einen solchen des Gehilfen handelt. Für das Haftungsgebiet des § 831 BGB. kann keine weitergehende Schranke bestehen, als sie für § 31 BGB. gilt. § 40 BGB. untersagt nur eine satzungsmäßige Ausschließung der Haftung eines Vereins für Handlungen seiner Vertreter, nicht aber die Ausschließung im Wege eines Vertrags im Einzelfalle. § 278 BGB. kam im vorliegenden Falle schon deshalb nicht in Betracht, weil bei der Erteilung einer nicht auf Vertrag beruhenden Auskunft weder eine Verbindlichkeit noch die Erfüllung einer solchen vorliegt. Die Auskunft selbst ist in diesem Fall kein Rechtsgeschäft; ein solches liegt nur vor, wenn sich ein auf die Hervorbringung rechtlicher Wirkungen gerichteter Wille betätigt, wozu dann noch die Anerkennung dieses Willens durch die Rechtsordnung hinzutreten muß. Beim Fehlen eines Vertrags will der die Auskunft Erteilende keine rechtliche Wirkung hervorrufen. Die Frage, ob der von den Parteien vereinbarte Haftungsausschluß sich auch auf den Vorsatz von Angestellten bezog, war vom Berufungsgericht noch nicht geprüft worden. § 831 BGB. stellt die Vermutung eines eigenen Verschuldens des Geschäftsherrn auf. Dadurch wird die Tat des Gehilfen nicht zu seiner eigenen Tat; Vorsatz des Gehilfen ist nicht Vorsatz des Geschäftsherrn. Der Geschäftsherr, der nur aus § 831 BGB. haftet, kann dem Geschädigten dessen Mitverschulden entgegenhalten. Der Einwand der Staatsbank, daß nach ihrer Verfassung nur zwei Beamte zusammen die Auskunft erteilen konnten, und daß darum auch vorsätzliches Handeln des zweiten Beamten hätte nachgewiesen werden müssen, drang nicht durch. Nach feststehender Rechtsprechung genügt im Falle der Gesamtvertretung schon das Verschulden eines einzelnen Vertreters, um eine Haftung der vertretenen juristischen Person zu begründen. Abweichend vom Berufungsgericht entschied das Reichsgericht, daß der beklagte Beamte der Bank nicht als Verrichtungsgehilfe, sondern als Vertreter der Bank anzusehen sei. Der maßgebende Gesichtspunkt ist zunächst die Verankerung der Stellung des besonderen Vertreters in der Satzung, sodann aber seine Wirkung nach außen hin. Nicht die Stellung im Innenverhältnis gegenüber dem Vorstand entscheidet, sondern vor allem die Machtbefugnisse nach außen haben grundlegende Bedeutung. Im Zweifel erstreckt sich die Vertretungsmacht auf alle Rechtsgeschäfte, die der zugewiesene Geschäftskreis mit sich bringt; die Satzung kann aber bestimmen, daß die Vertretungsmacht beschränkter sein soll als der Geschäftskreis. Eine gewisse Selbständigkeit muß der besondere Vertreter haben. Diese wird dadurch nicht ausgeschlossen, daß er an Weisungen eines im inneren Verhältnis ihm übergeordneten Organs gebunden ist; die Selbständigkeit tritt dann nur nach außen hervor. Auf juristische Personen des öffentlichen Rechts findet gemäß § 89 BGB. die Vorschrift des § 31 BGB. entsprechend Anwendung; an die Stelle der Satzung treten die für die Verwaltung maßgebenden Vorschriften. Eingehend legte das Reichsgericht die für den Aufbau der preußischen Staatsbank maßgebenden Gesichtspunkte dar. Hieraus ergab sich, daß der Beamte bei Erteilung der Auskunft als besonderer Vertreter der Staatsbank aufgetreten war und daß diese gemäß §§ 30, 31 BGB. für sein Verhalten haftete. (VI, 9. März 1938.)

Amtl. Sammlg. S. 228—242.

Vgl. Bd. 53 S. 276; Bd. 68 S. 322; Bd. 71 S. 217; Bd. 74 S. 21, 250; Bd. 89 S. 136; Bd. 91 S. 43; Bd. 94 S. 318; Bd. 110 S. 145; Bd. 115 S. 122; Bd. 117 S. 61; Bd. 122 S. 138; Bd. 134 S. 375; Bd. 139 S. 302; Bd. 155 S. 257; JW. 1932 S. 2076, 3702.

38. **Maklerlohn. Vorkaufsrecht.** (BGB. § 652.) Für den Fall der Ausübung eines Vorkaufsrechts hat die bisherige Rechtsprechung den Anspruch auf Maklerlohn gegen den Verkäufer bestehen lassen, weil diesem der wirtschaftliche Erfolg der Vermittlungstätigkeit verblieben war, die Ausübung des Vorkaufsrechts lediglich einen Wechsel der Person auf der Käuferseite auslöste. Indem auf diese Weise der wirtschaftliche Erfolg für das Schicksal des Maklerlohns als maßgebend anerkannt wurde, ergab sich auch die Grundlage für die Beurteilung des Falles, daß der Käufer des Grundstücks den Maklerlohn versprochen hat, ihm aber infolge der Ausübung des Vorkaufsrechts das Grundstück nicht übertragen oder wieder entwehrt wird. In diesem Falle erweist sich der Kaufvertrag in Auswirkung einer dem Kaufgegenstande schon beim Vertragsschluß anhaftenden Belastung als ein wirtschaftlicher Mißerfolg der Maklertätigkeit. Eine zweckgerechte, den Grundsätzen von Treu und Glauben entsprechende Auslegung des Maklervertrags muß bei solcher Sachlage in aller Regel zur Versagung des Lohnanspruchs führen. (VII, 22. März 1938.) Amtl. Sammlg. S. 243—244.

39. **Bestandteil.** (BGB. §§ 90, 93, 947.) In einem Konkurs kam in Frage, ob die Düsen einer Spinnmaschine wesentliche Bestandteile der Maschine bildeten.

Die Frage wurde verneint. Die Maschine arbeitete in der Weise, daß sie mit einer Pumpe eine geeignete Flüssigkeit durch die Löcher der Düse drückte; nach dem Austritt aus der Düse wurde der so gebildete Faden durch ein chemisches Bad gezogen, durch das er Festigkeit bekam. Für jede Fadenstärke und jede Fadenbeschaffenheit war eine besondere Düse mit entsprechender Lochmenge und Lochanordnung notwendig. Die Verbindung der Düse mit der Maschine bestand nur für die Zeit, während deren ein bestimmtes Garn hergestellt wurde. Schon daraus ergab sich, daß die Düsen weder sämtlich noch zum Teil als Bestandteile der Spinnmaschine anzusehen waren, wenn diese auch ohne die Düsen nicht spinnen konnten. Zwar schließt die Möglichkeit, eine Sache zu zerlegen, die Bestandteilseigenschaft nicht aus. So sind die Räder eines Wagens trotz der Möglichkeit, sie durch andere zu ersetzen, Bestandteile des Wagens, die Gummireifen Bestandteile des Kraftwagens. Um Bestandteile einer Sache handelt es sich aber nicht mehr, wenn die Verbindung ihrer Natur nach nur vorübergehend und eine häufige Auswechslung mit anderen mehr oder minder verschiedenen Ergänzungssachen ohne Rücksicht auf ihre Abnutzung von Anfang an vorgesehen ist und dem Wesen der Hauptsache, insbesondere der Maschine, entspricht. Als Beispiel wurden die Bohrer einer Bohrmaschine angeführt. Ob die Düsen der Spinnmaschine Zubehör der Maschine sind, stand nicht zur Entscheidung. (VII, 8. April 1938.)

Amtl. Sammlg. S. 244—245.

40. Friedhof. Kirchengemeinde. Autonomie. (EG.BGB. Art. 138.) Der Kirchengemeindeverband Altona erließ für seinen Friedhof im Jahre 1934 eine Friedhofordnung, wonach die erstmalige Anlegung, Bearbeitung und Bepflanzung jeder Grabstätte, soweit gärtnerische Arbeit in Frage kommt, ausschließlich durch die Friedhofverwaltung nach voraufgegangener Vereinbarung aufzuführen ist. Mehrere Gärtner, deren Betriebe sich in der Nähe des Friedhofs befanden, klagten gegen den Kirchengemeindeverband mit dem Antrag, diesem zu untersagen, sie an der gärtnerischen Neuanlage von Gräbern im Auftrage von Kirchengemeindemitgliedern zu hindern. Das Berufungsgericht wies die Klage ab; die Revision der Kläger hatte keinen Erfolg. Die Friedhofsordnung war ordnungsmäßig und rechtsgültig zustande gekommen. Das Berufungsgericht ging von der Auffassung aus, daß der verklagte Kirchengemeindeverband als Eigentümer des Friedhofs befugt sei, Vorschriften über die Neuanlage und Ausschmückung von Grabstätten zu treffen, daß diese Befugnis aber den Beschränkungen unterliege, die sich aus Gesetzen, aus Gewohnheitsrecht und aus dem Zweck des Friedhofs ergeben. Im Ergebnis trat das Reichsgericht dieser Auffassung bei, betonte aber, daß nach der jetzt herrschenden Auffassung die Rechte und Pflichten bei der Benutzung eines Friedhofs auf dessen Eigenschaft als einer öffentlichen Anstalt beruhen, ihre rechtliche Grundlage also in dem Gewaltverhältnis haben, in dem die Gemeinde oder die Kirchengemeinde als Anstaltsträgerin den Anstaltsbenutzern gegenübersteht. Die Bestimmungen der Friedhofordnung waren also nicht vertraglicher Art, sondern stellten objektives Recht dar; die Befugnis, Rechte zu setzen, ergab sich aus der Autonomie der Kirchengemeinde als Trägerin der Anstalt. Von dem Vorliegen besonderer Rechtstitel der Friedhofbenutzer im Einzelfall abgesehen findet diese Autonomie ihre Grenze an bestehendem Gesetzes- oder Gewohnheitsrecht und an dem Zweck des Friedhofs. Die strittige Vorschrift verstieß nicht hiegegen. Das Berufungsgericht hatte festgestellt, daß ein Gewohnheitsrecht, wonach die Neuanlage und erste Ausschmückung von Gräbern den Inhabern der Grabstätten überlassen bleiben muß, in Altona nicht bestehe; das Reichsgericht erklärte hierzu, daß damit begriffsmäßig auch das Fehlen eines Landes- oder Reichsgewohnheitsrechts dieses Inhalts festgestellt sei. Nicht das Recht auf freie Auswahl unter den Berufsgärtnern, sondern nur das Recht auf eigene Ausschmückung der Grabstätten durch die Angehörigen selbst ist unbeschränkbar und unverletzlich, weil es auf einer im deutschen Volke wurzelnden Sitte beruht. Nur durch Ortsgewohnheitsrecht könnte ausnahmsweise in einzelnen Gegenden Deutschlands ein anderes Gewohnheitsrecht entstanden sein. Auch die Zweckbestimmung des Friedhofs stand der Vorschrift nicht im Wege. Sie besteht in der Ermöglichung einer angemessenen und geordneten Leichenbestattung und in einer einem pietätvollen Gedenken der Verstorbenen entsprechenden würdigen Ausgestaltung. Soweit reicht also auch die Befugnis der Gemeinde oder

Kirchengemeinde, autonome Anordnungen und Verbote zu erlassen. Dafür zu sorgen, daß die Anlage der Grabstätten dem gewollten Gesamtcharakter des Friedhofs keinen Abbruch tut, liegt im öffentlichen Interesse; die Aufgabe kann besser gelöst werden, wenn die Gemeinde oder Kirchengemeinde die Anlegung der neuen Gräber selbst übernimmt. Das Berufungsgericht hatte festgestellt, daß die Einnahmen aus der Eigengärtnerei der Friedhofverwaltung nicht zur Bestreitung sonstiger Bedürfnisse des Kirchengemeindeverbandes verwandt wurden, sondern nur dem Friedhof selbst zugute kamen; die beklagte Kirchengemeinde brauchte also bei der Ausübung ihrer autonomen Hoheitsgewalt auf die dem Wettbewerb privater Gewerbetreibender auferlegten Beschränkungen keine Rücksicht zu nehmen. Weder aus der Gewerbefreiheit noch aus dem Besitz eingerichteter und ausgeübter Gewerbebetriebe konnten die Kläger ein Recht herleiten, ihr Gewerbe auf fremden Grundstücken oder in öffentlichen Anstalten unbehindert zu betreiben. (IV, 25. April 1938.)

Amtl. Sammlg. S. 246—248.

Vgl. Bd. 144 S. 285; JW. 1924 S. 2054.

41. Sowjetehe. (EG.BGB. Art. 11, 14, 30.) Ein Zigeunerpaar, das sich im Jahre 1920 in Rußland zusammengefunden hatte, wurde im Jahre 1930 von dort als deutsche Reichsangehörige ausgewiesen und in Deutschland in ein Flüchtlingslager aufgenommen. Dort wurden sie im Jahre 1930 vor dem katholischen Pfarrer kirchlich getraut. Im Jahre 1935 trennte sich die Frau von dem Manne. Er klagte gegen sie auf Herstellung der ehelichen Gemeinschaft. Sie erhob Widerklage auf Scheidung. Das Landgericht wies Klage und Widerklage ab. Beide Teile legten Berufung ein; der Mann stellte nunmehr in erster Reihe Antrag auf Scheidung. Beide Berufungen wurden zurückgewiesen. Die Revision des Klägers führte zur Zurückverweisung der Sache. Die Frau hatte zunächst bestritten, daß eine Eheschließung stattgefunden habe. Nach russischem Recht kann eine Ehe auch dadurch zustande kommen, daß tatsächlich eheliche Beziehungen begründet werden (faktische Ehe). Das muß auch für Deutsche gelten, die in Rußland leben; für die Form eines Rechtsgeschäfts genügt die Beobachtung der Gesetze des Ortes, an dem das Rechtsgeschäft vorgenommen worden ist. Das ist schon früher für Ehen anerkannt worden, die in Staaten von Nordamerika geschlossen wurden, in denen das Zusammenleben zweier Personen verschiedenen Geschlechts, das längere Zeit hindurch dauert, dieselben Wirkungen hat wie eine vorschriftsmäßig geschlossene Ehe. Das Reichsgericht hielt hieran fest. Besondere Umstände, die im vorliegenden Falle die Anwendung der russischen Gesetze als gegen die guten Sitten oder den Zweck eines deutschen Gesetzes verstoßend erscheinen ließen, waren nicht ersichtlich. Anders wäre die Sache zu beurteilen, wenn das russische Recht überhaupt keine Rechtseinrichtung enthielte, die sich nach deutscher Auffassung als eine Ehe bezeichnen ließe. Das läßt sich nicht sagen. Daß es Schwierigkeiten haben kann, den Beginn der Ehe zu beweisen, berührt das Wesen der Ehe nicht. Auch die Tatsache, daß nach russischem Recht eine Ehe jederzeit sowohl auf Grund beiderseitiger Übereinstimmung als auch auf einseitigen Wunsch eines Ehegatten ausgelöst werden kann, reicht nicht hin, der Sowjetehe die Eigenschaft einer Ehe überhaupt abzusprechen. In der Frage der Auflösbarkeit der Ehe weichen die verschiedenen Gesetzgebungen sehr voneinander ab; eine Ehe kann immerhin gegeben sein, auch wenn die Auflösung gegenüber dem deutschen Recht außerordentlich erleichtert ist. Das Fehlen von Ehehindernissen kann allerdings zu Folgeerscheinungen führen, die nach dem deutschen Recht als unerträglich anzusehen sind; das kann aber nicht Anlaß geben, die Rechtseinrichtung als solche in Frage zu stellen. Entscheidend kann nur sein, welchen Inhalt nach russischem Recht die von ihm als Ehe bezeichnete Rechtseinrichtung hinsichtlich der Beziehungen der Ehegatten zueinander hat. Insoweit bestehen allerdings erhebliche Zweifel, ob in der Sowjetehe ein (sei es auch noch so locker gestaltetes) Eheverhältnis oder nicht vielmehr lediglich ein Konkubinat mit gewissen vermögensrechtlichen Wirkungen zu erblicken ist, das einer Ehe im deutschen Sinne und im Sinne anderer Kulturstaaten nicht gleichgestellt werden kann. Dabei könnte zwischen der registrierten und nichtregistrierten (faktischen) Ehe kein Unterschied gemacht werden. In ihren Wirkungen unterscheiden sich die beiden Eheformen nur dadurch, daß bei der registrierten Ehe die Ehegatten das Recht (nicht die Pflicht) zur

Führung eines gemeinsamen Familiennamens haben, was bei der faktischen Ehe nicht der Fall ist. Im übrigen hat die faktische Ehe dieselben Rechtswirkungen wie die registrierte, insbesondere hinsichtlich der gegenseitigen Unterhaltspflicht und der güterrechtlichen Verhältnisse; ein wesentlicher Unterschied zwischen der Ehe nach deutschem und jener nach russischem Recht besteht darin, daß das russische Recht keine Pflicht zur Lebensgemeinschaft kennt. Gerade die faktische Ehe beruht aber darauf, daß eine solche Lebensgemeinschaft tatsächlich hergestellt ist. Als Beweismittel für das Bestehen einer Ehe gilt nach russischem Recht außer der gegenseitigen Anerkennung als Ehegatten die Tatsache des gemeinschaftlichen Zusammenlebens, das Vorhandensein einer gemeinschaftlichen Wirtschaft, die Bekundung ehelicher Beziehungen dritten Personen gegenüber, gegenseitige Unterstützung und gemeinschaftliche Erziehung der Kinder. Daraus folgt, daß nicht schon jedes gelegentliche oder vorübergehende Zusammenleben als faktische Ehe behandelt wird, sondern daß Voraussetzung für das Zustandekommen einer solchen Ehe das tatsächliche, wenn auch auf Freiwilligkeit beruhende Bestehen einer der Gestaltung des ehelichen Verhältnisses entsprechenden, auf die Dauer berechneten und nicht bloß dem Geschlechtsgenuß dienenden Lebensgemeinschaft ist. Damit ist die Sowjetehe auch gegenüber dem Konkubinat hinreichend abgegrenzt. Es müßte auch zu erheblichen Unzuträglichkeiten führen, wenn eine nach Sowjetrecht geschlossene Ehe, mag sie registriert sein oder nicht, im Deutschen Reiche nicht als Ehe angesehen würde; den in Rußland lebenden Deutschen wäre es dann oft unmöglich, eine auch für ihren Heimatstaat gültige Ehe in Rußland zu schließen, da die Eheschließung vor dem Konsul meist an tatsächlichen Schwierigkeiten scheitert. Die aus einer nach russischem Recht geschlossenen Ehe hervorgegangenen Kinder müßten dann im deutschen Recht als unehelich behandelt werden. An den Beweis, daß die Parteien eine wirkliche dauernde Ehe miteinander schließen und als Eheleute mit allen sich daraus ergebenden sittlichen Verpflichtungen zusammenleben wollten, waren allerdings in der neuen Verhandlung strenge Anforderungen zu stellen; auch war im Hinblick darauf, daß die Parteien nacheinander sich in verschiedenen Bundesrepubliken der Sowjetunion aufgehalten hatten, zu beachten, daß die faktische Ehe nicht in allen Bundesrepubliken anerkannt ist. (IV, 7. April 1938.)

Amtl. Sammlg. S. 257—266.

Vgl. Bd. 88 S. 191; Bd. 138 S. 214; JW. 1902 S. 361; 1928 S. 879; 1931 S. 834.

42. Vergleich. Unwirksamkeit. (BGB. § 779.) Bei einem polizeilich genehmigten Straßenrennen stieß der Rennfahrer T. mit einem Kraftwagen, der von seinem Eigentümer K. gesteuert wurde, zusammen. K. wurde getötet, T. verletzt. Er klagte gegen die Erben des K. auf Schadenersatz. Beide Parteien verkündeten dem Staate Preußen den Streit. Dieser trat den Erben des K. bei. Die Ansprüche des T. wurden dem Grunde nach zu zwei Dritteln als berechtigt anerkannt. Zwischen dem Staate Preußen und der Versicherungsgesellschaft, bei der K. gegen Haftpflicht versichert gewesen war, wurde vereinbart, daß der Staat der Gesellschaft ein Drittel der Beträge erstatten werde, die sie auf Grund des Versicherungsvertrags bezahlen werde; er zahlte ihr dann auch einen Betrag von rund 2000 *RM*. Im Rechtsstreit wurde dann zwischen den Parteien unter Beitritt des Staates ein Vergleich geschlossen, wonach die Erben K. sich verpflichteten, an T. eine bestimmte Summe zu zahlen, während T. auf alle weiteren Ansprüche aus dem Unfall auch gegenüber dem Staat verzichtete. Der Staat erklärte nachträglich den Vergleich für unwirksam, weil er bei dessen Abschluß über seine Pflicht zum Schadenersatz im Irrtum gewesen sei; er habe keine Kenntnis davon gehabt, daß Entscheidungen des Reichsgerichts ergangen seien, wonach im Falle fahrlässiger Amtspflichtverletzung ein Schadenersatzanspruch gegen den Staat nicht begründet sei, wenn der Geschädigte von einer Versicherung Ersatz seines Schadens verlangen könne. Die Klage auf Zurückzahlung der 2000 *RM* drang vor dem Landgericht durch, wurde aber in den höheren Rechtszügen abgewiesen. Die Unwirksamkeit eines Vergleichs erfordert, daß der nach dessen Inhalt als feststehend zugrunde gelegte Sachverhalt der Wirklichkeit nicht entspricht, und daß der Streit oder die Ungewißheit bei Kenntnis der Sachlage nicht entstanden wäre. Die Tatsachen, welche die Parteien beim Abschluß des Vergleichs als feststehend angenommen hatten, entsprachen aber der Wirklichkeit; ein Irrtum lag nur über die sich daraus ergebende Rechtslage vor. Sachverhalt und Rechtslage sind aber Gegensätze. Vollends ist es ausgeschlossen, unter einem Sachverhalt einen Rechtssatz zu verstehen. Ein Irrtum über eine reine Rechtsfrage kann also keine Unwirksamkeit des auf diesen Irrtum gegründeten Vergleichs zur Folge haben. (VII, 12. April 1938.)

Amtl. Sammlg. S. 266—271.

Vgl. Bd. 112 S. 215; Bd. 138 S. 209; Bd. 145 S. 56; JW. 1929 S. 1456; 1932 S. 1132.

43. **Vorflut. Schadenersatz. Wiederherstellung früherer Zustände. Geringfügiger Schaden. Schutzgesetz.** (BGB. §§ 823, 1004; PrWassG. §§ 40, 113.) Von dem in der preußischen Provinz Hannover gelegenen Sumtersee läuft ein Graben zu einem Bach, der in einen Nebenfluß der Elbe mündet. Der Graben ist ein Wasserlauf dritter Ordnung und steht im Eigentum des Landes Preußen als Eigentümer der Domäne Gülze. In seinem Verlauf wird der Graben durch einen Deich geleitet und überquert eine Landstraße. Am Deich befand sich früher eine Schleuse; diese wurde im Jahre 1920 bei einem Deichbruch weggespült und bei Wiederherstellung des Deiches durch ein Siel ersetzt. Der Grabendurchlaß durch die Straße war früher überbrückt; im Jahre 1920 wurde ein kreisförmiges Rohr eingesetzt. Mehrere Eigentümer landwirtschaftlicher Grundstücke, die in der Nähe gelegen waren, beschwerten sich darüber, daß die Neuanlagen zu enge seien und dem abfließenden Wasser keinen genügenden Lauf gewährten; auch behaupteten sie, daß der Graben mangelhaft unterhalten und gereinigt worden sei. Sie erhoben Klage auf Herstellung des Zustandes, der im Jahre 1866 bestanden hatte. Das Landgericht wies die Klage ab. Das Berufungsgericht verurteilte das Land Preußen, die Beeinträchtigungen zu beseitigen und für die Zukunft zu unterlassen, die durch die Bauten vom Jahre 1920 entstanden waren, ferner den Graben in den Zustand vom Jahre 1910 zu versetzen und darin zu unterhalten. Beide Teile legten Revision ein. Nur jene des Landes Preußen hatte einen Teilerfolg. Kein rechtliches Bedenken bestand hinsichtlich der Verurteilung des beklagten Landes, den Graben in den Zustand vom Jahre 1910 zu versetzen. Bei einem Wasserlauf dritter Ordnung ist der Eigentümer zur Erhaltung der Vorflut verpflichtet. Unter Vorflut ist der

unbehinderte Ablauf des Oberflächenwassers zu verstehen, das einem Wasserlauf nach den natürlichen Bodenverhältnissen zufließt und das er bei regelrechtem Zustand von Bett und Ufer aufzunehmen vermag. Dabei macht es keinen Unterschied, ob der Zufluß unmittelbar oder mittelbar erfolgt; erforderlich ist lediglich, daß er in geregeltem Zug durch Gräben oder sonstige Wasserläufe stattfindet. Da der Graben den Sumtersee entwässerte, war er Vorfluter für alle Grundstücke, von denen Wasser (mittelbar oder unmittelbar) in den See gelangte. Nach den Feststellungen des Berufungsgerichts traf das für die Grundstücke der Kläger zu. Durch die Neubauten vom Jahre 1920 war eine Verschlechterung des Ablaufs herbeigeführt worden. Das Land Preußen hatte die Auffassung vertreten, die Nachteile seien so geringfügig, daß sie ertragen werden müßten, zumal die Kosten einer Änderung sehr hoch waren. Das Reichsgericht billigte die Auffassung des Berufungsgerichts. Bei nachteiligen Veränderungen eines von Natur oder durch künstliche Herstellung geschaffenen Zustandes ist der frühere Zustand wieder herzustellen; nur wenn der durch die Veränderung geschaffene neue Zustand schon so lange besteht, daß er nach natürlicher Auffassung nunmehr als der ordentliche erscheint, ist er beizubehalten. Das Verlangen der Kläger, den Zustand vom Jahre 1866 wieder herzustellen, ging zu weit. Die Abweichung vom Zustand des Jahres 1910 lag so weit zurück, daß er nicht mehr als der regelrechte Zustand angesehen werden konnte; der alte Zustand wäre auch nur durch Ausgrabung zu erreichen gewesen, wozu der Eigentümer nach dem bis zum Jahre 1913 geltenden hannoverschen Wasserrecht nicht verpflichtet war. Im Jahre 1910 war ein Nivellement aufgenommen worden, das als Grundlage eines ordnungsmäßigen Zustandes anzusehen war. Die Vernachlässigung der Räumung des Grabens hatte eine erhebliche Verschlechterung für die dadurch beeinflußten Grundstücke herbeigeführt, indem die Durchfeuchtung vermehrt und die Entwässerung verlangsamt wurde. Das galt auch für Grundstücke, die ihre natürliche Vorflut nicht nach dem Graben hin hatten. Als Rechtsbehelfe standen ihnen sowohl die Schadenersatzklage (§ 823 BGB.) als die Abwehrklage (§ 1004 BGB.) zur Verfügung. Für die Schadenersatzklage kam es nicht darauf an, ob die Vorschriften des Wassergesetzes über die Unterhaltung der Wasserläufe und ihrer Ufer Schutzgesetze sind, da jedenfalls das gesetzlich geschützte Eigentum der Kläger verletzt war. Die Vermehrung der Durchfeuchtung der Grundstücke war eine durch die Beamten des beklagten Landes verursachte Eigentumsbeschädigung. Die Auffassung, daß die Abwehrklage gegenüber wasserwirtschaftlichen Störungen nicht Platz greife, bezeichnete das Reichsgericht als irrig; die Frage, welche Folgen sich aus der Verletzung der Vorschriften des Wassergesetzes für fremde Rechtsgüter ergeben, gehört dem Gebiete des bürgerlichen Rechts an. Beide Klagen hatten das berechtigte Ziel der Beseitigung des die Schädigung verursachenden unrechten Zustandes. Ob zu dem Schaden auch andere Ursachen beitrugen, war für die Klage belanglos, ebenso, ob ihnen auch auf andere Weise hätte abgeholfen werden können. Es kam auch nicht eine Abwägung des Schadens und der durch die Beseitigung erwachsenden Kosten in Frage, soweit es sich um die Wiederversetzung des Grabens in den früheren Zustand handelte. Nicht hinlänglich begründet war die Verurteilung des beklagten Landes zur Beseitigung der durch die Neuanlagen vom Jahre 1920 herbeigeführten Beeinträchtigung der Kläger. Diese Neuanlagen stellten eine Benutzung des Wasserlaufs im Sinne des § 40 WassG. dar; durch solche Benutzung darf die Vorflut nicht verändert werden, es sei denn, daß der Nachteil nur geringfügig ist. Die Kläger hatten allerdings kein Recht auf Beibehaltung der früheren Durchlaßeinrichtungen, wenn diese unnötig weit waren, und demzufolge keinen Anspruch auf Veränderungen der Neubauten von 1920, wenn diese den Vorfluterfordernissen genügten. Es hätte also festgestellt werden müssen, wie weit die Durchlässe sein mußten, um die Wassermasse abzuleiten, die der Graben in dem erst herzustellenden ordnungsmäßigen Zustande führen würde. Nur in dieser Begrenzung konnte eine Verurteilung zur Änderung der Neubauten erfolgen. Zur Vermeidung von Unklarheiten und Streitigkeiten war es geboten, genau das Mindestmaß zu bestimmen, das die Durchlässe haben mußten. Dabei war überhaupt zu prüfen, was an Nachteilen für die Kläger noch übrig blieb, wenn der Graben in Bett und Ufern in den Zustand von 1910 zurückversetzt worden war und wenn dann die Durchlässe zu eng waren; wenn diese Nachteile nur als geringfügig anzusehen waren, mußten die Kläger sie hinnehmen. (V, 25. April 1938.) Amtl. Sammlg. S. 272—282.

44. **Reichsversicherung. Ausgleichspflicht. Mitverschulden.** (RVersO. §§ 898, 1542; BGB. §§ 254, 276, 278, 426, 618.) Die Reichsbahn übertrug einem Unternehmer die Ausführung von Gleisarbeiten. Ein Arbeiter wurde von einem Zug überfahren und getötet. Die Tiefbauberufsgenossenschaft zahlte an seine Witwe und sein Kind eine Rente. Die Witwe klagte gegen die Reichsbahn auf Ersatz des weiteren Schadens für sich und das Kind. Der Anspruch wurde zur Hälfte für gerechtfertigt erklärt; die Reichsbahn wurde zu den entsprechenden Leistungen verurteilt, außerdem ersetzte die Reichsbahn der Berufsgenossenschaft einen Teil der von dieser entrichteten Leistungen. Sie erhob Klage gegen den Unternehmer auf Ersatz von drei Vierteilen des von ihr geleisteten und noch zu leistenden Schadenersatzes; sie behauptete, daß ein Vorarbeiter des Beklagten seine Aufsichtspflicht verletzt habe. Die Klage drang in allen Rechtszügen durch. Das Berufungsgericht hatte die zwischen den Streitteilen getroffenen Vereinbarungen dahin ausgelegt, daß für den Fall eines gemeinsamen ursächlichen Verschuldens beider Vertragsteile an einem Unfall § 254 BGB. entsprechend anzuwenden sei; § 898 RVersO. stehe einer solchen Vereinbarung nicht entgegen. Das Reichsgericht erklärte, daß es hierauf nicht ankomme. Durch den Werkvertrag, den der Beklagte mit der Klägerin schloß, übernahm er die Verpflichtung, das Werk so auszuführen, daß die Klägerin als Bestellerin dadurch nicht geschädigt wurde. Wenn er durch Verletzung der ihm nach § 618 BGB. gegenüber den von ihm beschäftigten Personen obliegenden Pflichten die Entstehung von Schadenersatzansprüchen gegen die Klägerin schuldhaft verursachte, mußte er dieser den ihr dadurch entstehenden Schaden ersetzen. Traf die Klägerin an diesem Schaden selbst ein ursächlich mitwirkendes Verschulden, so ergab sich die unmittelbare Anwendung des § 254 BGB. von selbst. Daran änderte sich nichts um deswillen, weil Schadenersatzansprüche des Verletzten oder seiner Hinterbliebenen gegen den Beklagten wegen der Vorschrift des § 898 RVersO. nicht entstanden waren. Es

konnte auch keine Rede davon sein, daß durch die Vorschrift des § 898 RVersO. die Verpflichtungen des Beklagten aus § 618 BGB. entfallen wären. Die Einhaltung dieser Verpflichtungen gehörte der Klägerin gegenüber insofern zur Vertragspflicht des Beklagten, als der Klägerin durch die Nichteinhaltung ein Schaden entstehen konnte. Für das Verschulden seines Vorarbeiters hatte der Beklagte einzustehen. (VII, 26. April 1938.)

Amtl. Sammlg. S. 282—287.

Vgl. Bd. 84 S. 415; Bd. 134 S. 293; Bd. 153 S. 38.

45. **Gesamthypothek. Unbrauchbarmachung des Hypothekenbriefes. Amtspflichtverletzung.** (BGB. §§ 839, 1132; ZVG. § 137; Deutsch-Poln. Abk. vom 20. September [8. Dezember 1920].) Ein Grundstück, auf dem eine Hypothek lag, wurde durch die Grenzziehung des Versailler Vertrags in zwei Stücke zerrissen, von denen das größere an Polen kam; Eigentümer dieses Grundstücks wurde später der polnische Staat. Im Jahre 1931 kam das deutsche Grundstück zur Zwangsversteigerung. Die Hypothek fiel aus. Auf Anordnung des Versteigerungsrichters wurde der Hypothekenbrief unbrauchbar gemacht. Der Gläubiger wies darauf hin, daß die Hypothek auf dem polnischen Grundstück fortbestehe, und beantragte die Ausstellung eines Ersatzhypothekenbriefes. Der Antrag wurde abgelehnt, weil hierfür das polnische Grundbuchamt zuständig sei. Nach längeren Verhandlungen stellte dieses einen Ersatzhypothekenbrief aus. Der Gläubiger klagte wegen der hiefür erwachsenen Kosten gegen das Deutsche Reich auf Schadenersatz. Der Versteigerungsrichter trat dem Rechtsstreit als Streitgehilfe des Deutschen Reiches bei. In zwei Rechtszügen drang die Klage teilweise durch. Die von dem Versteigerungsrichter eingelegte Revision hatte keinen Erfolg. Die Unbrauchbarmachung des Hypothekenbriefs hat stattzufinden, wenn der Brief sich auf eine durch das Zwangsversteigerungsverfahren erloschene Hypothek bezieht. Ihr Zweck ist, gegenstandslos gewordene Hypothekenbriefe aus Gründen der Rechtssicherheit dem Verkehr zu entziehen. Wird durch das Zwangsversteigerungsverfahren nur eine Veränderung des Rechts herbeigeführt, so ist diese auf dem Brief zu vermerken Das trifft auch dann zu, wenn die im Zwangsversteige-

rungsverfahren erloschene Hypothek eine Gesamthypothek ist, die noch auf einem nicht versteigerten Grundstück haftet. Wenn auch bestritten ist, ob im allgemeinen eine Gesamthypothek zum Teil auf einem inländischen, zum Teil auf einem ausländischen Grundstück liegen kann, ist doch durch das Deutsch-Polnische Abkommen über die Überleitung der Rechtspflege außer Zweifel gestellt, daß es sich bei Hypotheken der vorliegenden Art um Gesamthypotheken handelt. Der Versteigerungsrichter hatte durch die Anordnung der Unbrauchbarmachung des Hypothekenbriefes seine Amtspflicht gegenüber dem Hypothekengläubiger fahrlässig verletzt; diese Amtspflichtverletzung war für den dem Kläger entstandenen Schaden ursächlich. (V, 28. April 1938.)

Amtl. Sammlg. S. 287—294.

Vgl. Bd. 55 S. 260; Bd. 121 S. 337; Bd. 133 S. 142.

46. **Nachlaßkonkurs. Zwangshypothek.** (KO. §§ 117, 221.) Nach Eintritt des Erbfalls wurde auf einem zum Nachlaß gehörigen Grundstück eine Zwangshypothek eingetragen. Über den Nachlaß wurde der Konkurs eröffnet. Die Klage des Konkursverwalters auf Löschung der Zwangshypothek hatte Erfolg. Die Vorschrift, daß auf Grund einer nach dem Eintritt des Erbfalls gegen den Nachlaß erfolgten Maßregel der Zwangsvollstreckung abgesonderte Befriedigung nicht verlangt werden kann, hätte keinen Sinn, wenn nicht der Konkursverwalter gleichzeitig das Recht haben sollte, die Sache, in die vollstreckt wurde, ohne Rücksicht auf die dadurch erworbenen Rechte auf abgesonderte Befriedigung in Erfüllung seiner Aufgabe zu verwerten. Geschieht das, so wird damit der zunächst nur für den Konkurs geltende Zustand dauernd; im Falle der Freigabe der Sache oder Beendigung des Konkurses ohne ihre Verwertung gelten dagegen die durch die Vollstreckung erworbenen Rechte wieder in vollem Umfang. Es hieße den Konkursverwalter ungebührlich beschränken, wollte man ihm nicht das Recht geben, die Löschung einer solchen Hypothek zu verlangen. Eine Verwertung des Grundstücks würde oft unmöglich gemacht, wenn die Hypothek bei den Verhandlungen noch im Grundbuch stände und der Verkaufsliebhaber nicht wüßte, wie sich der Gläubiger zu dem Verkauf stellen werde. Hat der Konkursverwalter die Hypothek löschen lassen und wird das Grundstück nicht verkauft, so ist es seine Amtspflicht, vor Beendigung des

Konkurses die Wiedereintragung der Hypothek zu veranlassen. (VII, 29. April 1938.)

Amtl. Sammlg. S. 294—297.

47. Gesamthypothek. Erlöschen der Mithaft. (BGB. § 1173; ZVG. § 64.) Auf den Grundstücken 812, 813 und 814 lagen zwei Gesamthypotheken, eine zu 1200 *GM* und eine zu 8000 *GM*. Der Eigentümer der Grundstücke war zugleich persönlicher Schuldner. Auf Betreiben einer Sparkasse, der eine Hypothek im Range nach den vorgenannten Hypotheken zustand, kamen die Grundstücke 812 und 814 zur Zwangsversteigerung. Die Gesamthypotheken wurden auf diese Grundstücke in der Weise verteilt, daß von der Hypothek zu 1200 *RM* auf das erste Grundstück 1046, auf das zweite 154 *RM*, von der Hypothek zu 8000 *RM* auf das erste Grundstück 6797 *RM*, auf das zweite 1203 *RM* entfielen. Das Grundstück 812 wurde der Sparkasse, das Grundstück 814 einem anderen Ersteigerer zugeschlagen; die auf die Grundstücke verteilten Hypotheken blieben bestehen. Später kam das Grundstück 814 wieder zur Zwangsversteigerung und wurde von der Sparkasse erworben; die Teilhypotheken kamen in diesem Falle zur Hebung und wurden im Grundbuch gelöscht. Die auf dem Grundstück 812 liegende Hypothek zu 1046 *RM* fertigte die Sparkasse weg und erhielt sie abgetreten; der Gläubiger der Hypothek zu 6797 *RM* erteilte ihr gegen eine Zahlung von 3000 *RM* eine Löschungsbewilligung für den ganzen Betrag der Hypothek. Sie verkaufte sodann die Grundstücke weiter; die Käuferin übernahm die Hypotheken in Anrechnung auf den Kaufpreis. Auf dem Grundstück 813 war für eine Bank eine Hypothek eingetragen, der die vorbenannten Hypotheken im Range vorgingen. Sie war der Auffassung, daß infolge der Befriedigung der Hypothekengläubiger die auf dem Grundstück 813 in voller Höhe bestehen gebliebenen, als Gesamthypotheken eingetragenen Belastungen erloschen seien, und klagte gegen die Sparkasse mit dem Antrag, diese zur Einwilligung in die Löschung der auf dem Grundstück 813 eingetragenen Gesamthypotheken zu verurteilen, und zwar bei der Hypothek zu 1200 *GM* in Höhe von 1046 *RM*, bei der Hypothek zu 8000 *GM* in Höhe von 3000 *RM*. Die Klage drang durch. Die auf dem nichtversteigerten Grundstück 813 liegenden Hypotheken blieben auch nach der Versteigerung der beiden

anderen Grundstücke in ihrem Verhältnis zu den auf diesen Grundstücken bestehen gebliebenen Teilposten weiterhin Gesamthypotheken insoweit, als die Beträge sich deckten. Befriedigt der Eigentümer eines mit einer Gesamthypothek belasteten Grundstücks den Gläubiger, so erwirbt er die Hypothek an seinem Grundstück; die Hypothek an den übrigen Grundstücken erlischt. Die beklagte Sparkasse hatte bestritten, daß eine Befriedigung der Gläubiger stattgefunden habe, da die Sparkasse die Zahlungen nicht geleistet habe, um die Forderungen der Gläubiger gegenüber dem persönlichen Schuldner zu tilgen, sondern nur, um die Hypotheken an sich zu bringen; der Befriedigung des Gläubigers durch den Eigentümer steht es aber gleich, wenn das Gläubigerrecht auf den Eigentümer übertragen wird. Das traf hinsichtlich der Hypothek zu 1046 *RM* zu. Hinsichtlich der Hypothek zu 8000 *GM* war eine Befriedigung des Gläubigers schon darum anzunehmen, weil dieser eine Löschungsbewilligung erteilt hatte. Ob die Sparkasse den Willen hatte, als Eigentümerin zu zahlen, war belanglos; auch wenn sie die Regelung auf Grund einer mit einem Käufer der Grundstücke geschlossenen Vereinbarung vorgenommen hatte, traten die vom Gesetz für die Zahlung des Eigentümers vorgesehenen Wirkungen ein. (V, 5. Mai 1938.) Amtl. Sammlg. S. 297—305.
Vgl. Bd. 81 S. 82.

48. **Notweg.** (BGB. § 918.) Auf einem Grundstück wurde eine Großgarage errichtet, die sich durch das Erdgeschoß und zwei Obergeschosse erstreckte. In das zweite Obergeschoß gelangte man in der Weise, daß man von der steil ansteigenden Straße über das Bodendach einer Kleingarage fuhr, die auf einem anliegenden, dem gleichen Eigentümer gehörigen Grundstück errichtet war. Beide Grundstücke kamen zur Zwangsversteigerung und wurden verschiedenen Eigentümern zugeschlagen. Das kleinere Grundstück wurde vermietet; der Mieter schloß mit dem Eigentümer des großen Grundstücks einen Vertrag, durch den er ihm die Weiterbenutzung des Weges über das Bodendach der Kleingarage gestattete. Infolge von Zwistigkeiten klagte der Eigentümer des großen Grundstücks gegen jenen des kleinen Grundstücks auf Anerkennung des Notwegrechts. In zwei Rechtszügen wurde die Klage abgewiesen. Das Reichsgericht verwies die Sache zurück. Das

Berufungsgericht hatte angenommen, daß das Gesetz unter Notweg nur eine Verbindung über die natürliche Grundstücksoberfläche, nicht aber eine solche über Bauwerke verstehe; auch biete der Besitz kraft Mietvertrags die Möglichkeit zur gewünschten Fahrbenutzung. Das Reichsgericht erklärte, daß sich allerdings Verträge schuldrechtlicher Art denken lassen, durch welche die Benutzung eines fremden Grundstücks ebensogut wie durch ein dingliches Recht ausreichend gesichert wird, so daß während der Vertragszeit eine Wegenotlage nicht besteht. Das traf aber hier nicht zu; der Vertrag war nicht mit dem Eigentümer des Grundstücks, sondern nur mit dem Mieter abgeschlossen und kurzfristig zu jedem Monatsende kündbar. Als unrichtig bezeichnete das Reichsgericht auch die Auffassung, daß ein Notweg nur über Grund und Boden selbst führen könne; es kann, insbesondere in gebirgigen Gegenden, wohl vorkommen, daß ein Notweg oberhalb des Bodens oder unter ihm der einfachste, zweckmäßigste und auch für den Verpflichteten günstigste ist. Solange die beiden Grundstücke in einer Hand waren, mußte die getroffene Regelung als ordnungsmäßig anerkannt werden; das ließ sich nicht etwa aus dem Grunde verneinen, weil die Grundstücke nicht rechtlich vereinigt wurden oder das kleine dem großen als Bestandteil zugeschrieben wurde. War aber die Ordnungsmäßigkeit einmal gegeben, so konnte sie nicht deshalb verneint werden, weil eines der Grundstücke an einen anderen veräußert wurde oder im Wege der Zwangsversteigerung an einen anderen gelangte. Zu prüfen war, ob nicht auf andere Weise (Herstellung eines Aufzugs vom ersten Obergeschoß zum zweiten) eine dem Eigentümer keine unverhältnismäßigen Kosten verursachende Abhilfe geschaffen werden konnte oder ob ein Aufgeben der Benutzung des zweiten Obergeschosses zu Garagezwecken dem Eigentümer zuzumuten war. (V, 5. Mai 1938.)

Amtl. Sammlg. S. 305—310.

Vgl. JW. 1925 S. 474.

49. **Unfallversicherung. Wundinfektion.** (VersVertrG. § 179.) Ein Arzt starb infolge einer Wundinfektion. Er war gegen Unfall versichert; unter die Versicherung fielen nach den Versicherungsbedingungen auch Wundinfektionen, bei denen der Ansteckungsstoff durch eine Unfallverletzung in den Körper gelangt war. Die Versicherungsgesellschaft

lehnte gleichwohl die Zahlung der Versicherungssumme ab mit der Begründung, daß die Verletzung, welche die Infektion ermöglichte, aus der Zeit vor Beginn der Versicherung stammte. In zwei Rechtszügen wurde die Klage abgewiesen. Das Reichsgericht verwies die Sache zurück. Die Auslegung der Versicherungsbedingung unterlag als typische Norm der Nachprüfung durch das Reichsgericht. Die Infektion stellte nach ihnen selbst einen Unfall dar; die Versicherung traf also auch den Fall, daß schon vor ihrem Beginn eine Wunde vorhanden war, die das Eindringen des Ansteckungsstoffes ermöglichte. (VII, 10. Mai 1938.) Amtl. Sammlg. S. 310--313.

50. **Brandversicherung. Maschinenversicherung. Brandstiftung eines Miteigentümers.** (BGB. §§ 1128, 1129; VersVertrG. §§ 61, 74, 101, 106.) Eine Mühle stand im Miteigentum von Eheleuten; sie hatten auch die für den Betrieb erforderlichen Maschinen gemeinschaftlich erworben. Das Anwesen wurde zum Zwecke der Zwangsversteigerung beschlagnahmt; es wurde auch Zwangsverwaltung angeordnet. Auf Verlangen des Verwalters schloß der Ehemann einen Feuerversicherungsvertrag über die Gebäude und die Einrichtung einschließlich der Maschinen ab; nachträglich wurde auch die Ehefrau in den Vertrag eingeschlossen. Kurz vor Beginn der Versteigerung brannte das ganze Anwesen nieder. Die Ehefrau wurde wegen Brandstiftung verurteilt. Bei der Versteigerung wurde das Anwesen einem Grundschuldgläubiger zugeschlagen. Die ihm vorgehenden Gläubiger wurden aus dem Erlös befriedigt; er selbst fiel mit seiner Forderung aus. Die Versicherungsanstalt erklärte sich bereit, den Gebäudeschaden zu ersetzen, nicht aber den Maschinenschaden. Die Klage des Grundstückserwerbers wurde vom Berufungsgericht abgewiesen. Das Reichsgericht verwies die Sache zurück. Ist bei der Gebäudeversicherung der Versicherer wegen des Verhaltens des Versicherungsnehmers von der Verpflichtung zur Leistung frei, so bleibt gleichwohl seine Verpflichtung gegenüber den Hypothekgläubigern bestehen. Das Berufungsgericht hatte angenommen, daß in Ansehung der Maschinen keine Gebäudeversicherung bestanden habe. Das Reichsgericht war anderer Auffassung. Maschinen, die Bestandteil oder Zubehör eines Gebäudes sind und darum der Hypothekenhaftung unterliegen, können von

einer Gebäudeversicherung umfaßt werden. Im vorliegenden Fall war nur ein einziger Vertrag über die Gebäude und die Maschinen abgeschlossen worden. Ob damit die Maschinen in die Gebäudeversicherung einbezogen wurden, war Auslegungsfrage; wenn die Versicherungsgesellschaft sie als bewegliche Sachen hätte versichern wollen, hätte sie das im Versicherungsschein klarstellen müssen. Voraussetzung für die Klage war weiter, daß durch die Brandstiftung der Ehefrau die Versicherungsgesellschaft auch gegenüber dem Ehemann von der Verpflichtung zur Leistung frei geworden war. Bei der Versicherung für fremde Rechnung wird der Versicherer von der Verpflichtung zur Leistung gegenüber dem Versicherungsnehmer frei, wenn nicht dieser, sondern der Versicherte den Versicherungsfall vorsätzlich herbeigeführt hat. Es war anzunehmen, daß der Ehemann den von ihm geschlossenen Versicherungsvertrag, soweit er sich auf den Eigentumsanteil der Ehefrau bezog, zwar im eigenen Namen, aber für Rechnung der Frau abschloß; daß auch die Versicherungsgesellschaft hiemit einverstanden war, ging daraus hervor, daß sie später die Versicherung auf die Ehefrau ausdehnte. Diese war also, wenn auch nicht als Versicherungsnehmerin, so doch als Versicherte anzusehen. Darüber, ob bei der Versicherung mehrerer Miteigentümer die vorsätzliche Herbeiführung des Versicherungsfalles durch einen von ihnen den Versicherer auch gegenüber den übrigen leistungsfrei macht, enthält das Gesetz keine Bestimmung. Es ist zu unterscheiden, ob die mehreren Versicherten dem Versicherer gegenüber zur gesamten Hand berechtigt sind, wie im Falle der ungeteilten Erbengemeinschaft oder der Gesellschaft, oder ob jeder von ihnen nur seinen Bruchteil versichert hat. Im ersten Falle steht jeder Versicherte zur ganzen Sache in Beziehung; die Herbeiführung des Versicherungsfalls durch einen von ihnen beseitigt auch den Anspruch der übrigen Versicherten. Im zweiten Falle gilt das nur dann, wenn es vertraglich vorgesehen ist. Entscheidend war also, ob die Eheleute an den Maschinen Eigentum zur gesamten Hand oder nach Bruchteilen erworben hatten. Der Anspruch des Ehemanns wäre allerdings auch dann weggefallen, wenn die Ehefrau, die nach dem Schwurgerichtsurteil die geschäftliche Leitung des Mühlenbetriebs in der Hand hatte, als Repräsentantin ihres Mannes anzusehen war. All das bedurfte noch der Klärung. (VII, 13. Mai 1938.) Amtl. Sammlg. S. 314—320. Vgl. Bd. 69 S. 316; Bd. 74 S. 106; Bd. 76 S. 133; Bd. 117 S. 327; Bd. 149 S. 69; JW. 1910 S. 71.

51. **Forderungspfändung. Teilklage. Verspätetes Vorbringen.** (GenG. § 41; ZPO. §§ 253, 260, 829.) Ein Kartell landwirtschaftlicher Genossenschaften, selbst als Genossenschaft mit beschränkter Haftung eingetragen, verpflichtete sich im Jahre 1925, einer Aktiengesellschaft ein Darlehen zu gewähren. Die Aktiengesellschaft reichte eigene Aktien als Sicherheit ein. Die Sache zerschlug sich. Als die Aktiengesellschaft die Zurückgabe ihrer Aktien verlangte, ergab sich, daß ein Vorstandsmitglied des Kartells diese teils im Namen des Kartells, teils in eigenem Namen weitergegeben hatte. Die Aktiengesellschaft klagte gegen das Kartell auf Schadenersatz und erzielte im Jahre 1934 ein obsiegendes Urteil. Um den Rückgriffsanspruch des Kartells gegen dessen frühere Aufsichtsratsmitglieder vor Ablauf der fünfjährigen Verjährungsfrist geltend machen zu können, erwirkte die Aktiengesellschaft schon im Jahre 1930 für einen Teil ihrer Forderung ein Arresturteil und auf dessen Grundlage einen Beschluß, wodurch die Forderungen des Kartells gegen den Vorsitzenden seines Aufsichtsrats aus Verträgen oder sonstigen Rechtsgründen und gegen die übrigen Mitglieder des Aufsichtsrats aus ihrer Haftung als solche gepfändet wurden. Im Anschluß daran machte sie klagweise Schadenersatzansprüche des Kartells gegen die sämtlichen Mitglieder des Aufsichtsrats in der Höhe des Arresturteils geltend. Die Sache ruhte dann bis Ende 1934, weil das Ergebnis des anderen Rechtsstreits abgewartet wurde. Nach Erlaß des Urteils ließ sich die Aktiengesellschaft den gepfändeten Anspruch zur Einziehung überweisen und setzte das Verfahren fort. Das Landgericht wies die Klage ab, weil es eine Schädigung des Kartells nicht als hinreichend dargetan ansah. Das Berufungsgericht gab der Klage statt. Das Reichsgericht stellte das Urteil des Landgerichts wieder her. In der Richtung gegen den Vorsitzenden des Aufsichtsrats waren als Gegenstand der Pfändung und Überweisung die angeblichen Forderungen des Kartells gegen ihn aus Verträgen und sonstigen Rechtsgründen bezeichnet. Das erklärte das Reichsgericht für ungenü-

gend. Wenn auch an die Genauigkeit des Gegenstandes der Forderung keine allzu strengen Anforderungen gestellt werden, ist doch im Interesse der Rechts- und Verkehrssicherheit daran festzuhalten, daß das bestimmte Rechtsverhältnis, aus dem die Forderung hergeleitet wird, wenigstens in allgemeinen Umrissen angegeben werden muß. Ein weiteres Bedenken ergab sich aus der Art der Geltendmachung mehrerer Ansprüche. Die Klägerin hatte nur einen Teil ihres Schadens eingeklagt, zur Begründung aber eine Reihe angeblich von den Beklagten infolge Verletzung ihrer Aufsichtspflicht verschuldeter Schadensfolgen geltend gemacht. Wird aber ein Teilbetrag von einer Mehrheit selbständiger Ansprüche eingeklagt, so ist es nicht zulässig, diese wahllos nebeneinander geltend zu machen, ohne sie in irgendeiner Weise gegeneinander abzugrenzen. Ein solches Vorgehen genügt nicht dem für die Klage wesentlichen Erfordernis der bestimmten Angabe des Gegenstandes und des Grundes des erhobenen Anspruchs. Beim Fehlen jeglicher Abgrenzung bliebe unklar, in welchem Umfang die einzelnen Ansprüche anhängig gemacht werden sollten; ein daraufhin ohne Abgrenzung der Ansprüche in der Sache ergehendes Urteil würde zu einer Unklarheit über seine Rechtskraftwirkung führen. Entweder waren für jeden einzelnen Anspruch die Teilbeträge anzugeben, die zusammen den Klagantrag ergaben, oder die einzelnen Ansprüche waren unter Bezifferung jeden Anspruchs so in ein Abhängigkeitsverhältnis untereinander zu bringen, daß der eine Anspruch als Hauptanspruch und die übrigen Ansprüche in genau anzugebender Reihenfolge als Hilfsansprüche geltend gemacht wurden. Gegen die Zulässigkeit auch einer Anspruchshäufung der letzten Art bestehen keine grundsätzlichen Bedenken. Das Berufungsgericht hatte auf Grund eines Anspruchs verurteilt und die Berechtigung der übrigen Ansprüche dahingestellt gelassen. Bei solchem Vorgehen ergaben sich zwar keine Schwierigkeiten hinsichtlich der Rechtskraftwirkung; mißlich blieb aber, daß die Unklarheit sich auf die höhere Instanz übertrug. Jegliche Unklarheit über die Abgrenzung der einzelnen Ansprüche gegeneinander pflegt den glatten Verlauf des Rechtsstreits zu hemmen und sich ungünstig auf ihn auszuwirken; es leidet nicht nur die Übersichtlichkeit des Prozeßstoffes, sondern auch die Straffheit der Prozeßführung. Die Begründung des Berufungsurteils war unhaltbar, weil es nicht klargestellt hatte, inwiefern dem Kartell durch das Verhalten des Beklagten, auf das sich das Urteil stützte, ein Schaden entstanden war. Da das Berufungsgericht nicht ein Teilurteil erlassen, sondern über die ganze Klage entschieden hatte, war das Reichsgericht in die Lage versetzt, auch über jene Ansprüche zu befinden, zu denen das Berufungsgericht keine Stellung genommen hatte. Der bisherige Klagevortrag litt unter dem Mangel, daß er auf mehrere selbständige Ansprüche gestützt war, von denen ohne nähere Erläuterung ein Teilbetrag geltend gemacht wurde. Allerdings waren die Ansprüche auf fortgesetzte Pflichtverletzung und insofern auf eine einheitliche Handlung der Beklagten aufgebaut; daraus folgte aber nicht, daß es sich um einen einheitlichen Anspruch handelte. Die Pflichtverletzung, die in der Nichtbeaufsichtigung des Vorstands bestand, machte die Aufsichtsratsmitglieder nur soweit schadenersatzpflichtig, als das pflichtwidrige Verhalten des Vorstands einen Schaden verursacht hatte. Ebenso wie jeder auf einer selbständigen pflichtwidrigen Haltung des Vorstands beruhende Schadenserfolg einen selbständigen Schadenersatzanspruch gegen den Vorstand zur Folge hatte, handelte es sich daher auch um selbständige Ansprüche, soweit aus solchen Handlungen des Vorstands die Haftung der Aufsichtsratsmitglieder hergeleitet wurde. Als verschiedene die Haftung des Kartells und damit unter Umständen auch jene der Beklagten begründende Handlungen des Vorstands waren insbesondere die im Namen des Kartells erfolgte Verpfändung eines Teils der Wertpapiere und die im eigenen Namen erfolgte Weitergabe eines anderen Teils zu unterscheiden. Aus ihnen ergeben sich zugleich getrennte Schadensfolgen. Teils bestand der Schaden darin, daß die Aktien für die Klägerin endgültig verloren gegangen waren und das Kartell ihr deshalb für den Wert der Aktien einzustehen hatte; teils darin, daß die Klägerin die Aktien hatte einlösen müssen und das Kartell ihr deshalb Ersatz in Höhe ihrer Aufwendungen leisten mußte. Der Sachverhalt war zum Teil erst in der Verhandlung vor dem Reichsgericht aufgeklärt worden; wenn die Beklagten auch nicht darein gewilligt hatten, daß diese Ergänzung des Klagevorbringens berücksichtigt werde, stand dieser Berücksichtigung doch insoweit nichts im Wege, als die Beklagten dadurch nicht beschwert wurden. Die Klägerin mußte ihr Vorbringen vor dem Reichsgericht auf alle Fälle gegen sich gelten lassen, so daß es zur Grundlage einer sofortigen Entscheidung in der Sache selbst gemacht werden konnte, wenn daraufhin der Anspruch reif zur endgültigen Abweisung war. Das traf zu, weil alle Ansprüche verjährt waren. Die angeblichen Pflichtverletzungen der Beklagten waren im Jahre 1925 begangen; sie verjährten ohne Rücksicht auf den Zeitpunkt der Kenntnis und des Schadenseintritts in 5 Jahren seit der Begehung der Tat. Die Klage war erst im Jahre 1935 erhoben. (II, 13. April 1938.)

Amtl. Sammlg. S. 321—333.

Vgl. Bd. 77 S. 120; Bd. 108 S. 318; Bd. 144 S. 71; JW. 1931 S. 2482; 1933 S. 2949; 1934 S. 2974; 1938 S. 46.

52. **Kohlenwirtschaft. Typische Vereinbarung.** (KohlenWirtschG. vom 23. März 1919; AusfBest. §§ 50, 54; GeneralAbk. zwischen den deutschen bergbaulichen Syndikaten und dem deutschen Kohlenhandel vom 27. Juli 1934; AusfBest. §§ 4, 7.) Ein Kohlenhändler in E. bot dem Pächter der dortigen Stadthalle Koks zum Kauf an. Als dieser sagte, er habe Koks bei einer Kohlenhandlung in B. bestellt, erwiderte er, die Kohlenhandlung dürfe an die Stadthalle nur zu den von der Vereinigung der Kohlenhändler in E. festgesetzten Kleinverkaufspreisen liefern. Die Kohlenhandlung erhob Klage mit dem Antrag, dem Beklagten die Aufstellung solcher Behauptungen zu untersagen. Sie hatte keinen Erfolg. Maßgebend für die Beurteilung der Sachlage war vor allem das Generalabkommen zwischen den deutschen bergbaulichen Syndikaten und dem deutschen Kohlenhandel und die dazu ergangenen Ausführungsbestimmungen. Als typische Vereinbarungen unterlagen diese Bestimmungen der freien Auslegung durch das Reichsgericht. Durch sie sollte der Geschäftskreis des Großhandels von dem des Einzelhandels abgegrenzt werden; Privatverbraucher, Kleingewerbetreibende, Geschäftshäuser, Banken, Gasthöfe und ähnliche Betriebe wurden dem Einzelhandel zugewiesen. Die Stadthalle war diesen Betrieben zuzurechnen. Nach dem Generalabkommen und seinen Ausführungsbestimmungen durfte sie also

nur durch den Einzelhandel beliefert werden. Das Berufungsgericht hatte angenommen, daß dieses Abkommen mit gesetzlichen Vorschriften, nämlich den §§ 50, 74 der Ausführungsbestimmungen zum Kohlenwirtschaftsgesetz im Widerspruch stehe. Nach diesen Vorschriften hat der Reichskohlenrat alljährlich Anordnungen zu treffen, unter welchen Voraussetzungen Verbraucher, die mindestens eine Wagenladung von 15 Tonnen Brennstoff ab Werk, Umschlagplatz oder Lagerplatz abnehmen, beziehen können, und dafür zu sorgen, daß ein solcher Bezug gegen Barzahlung möglich sei. Die Vorschriften beruhten vor allem darauf, daß zur Zeit ihres Erlasses der Bezug von Kohlen zu angemessenen Preisen nicht ohne weiteres gesichert war. Die Frage, ob das Generalabkommen und seine Ausführungsbestimmungen mit diesen Vorschriften im Widerspruch standen, war also unter dem Gesichtspunkt zu prüfen, ob dadurch das den Verbrauchern zustehende Recht unzulässig beeinträchtigt wurde. Das traf nicht zu. Durch die Vorschriften wird nicht etwa jedem Bezieher eines Wagens zu 15 Tonnen das Recht zuerkannt, von jedem Händler die Lieferung eines solchen Wagens zu verlangen; vielmehr müssen die vom Reichskohlenrat aufgestellten Voraussetzungen erfüllt sein. Es würde allerdings den Vorschriften widersprechen, wenn es dem Kohlenhandel erlaubt wäre, durch Vereinbarungen untereinander das Recht des Großabnehmers auf Bezug von Brennstoff zu Großabnehmerpreisen zunichte zu machen. Das ist aber durch das Generalabkommen und die dazu erlassenen Ausführungsbestimmungen nicht geschehen. Sie stehen zwar dem 15-Tonnen-Bezug durch Privatverbraucher nicht wohlwollend gegenüber, erkennen aber die Verpflichtung an, solche Bestellungen entsprechend den Ausführungsbestimmungen zum Kohlenwirtschaftsgesetz auszuführen. Der Standpunkt der Klägerin, sie sei allgemein berechtigt, als Großhändlerin an Privatverbraucher 15-Tonnen-Lieferungen zu Großhändlerpreisen auszuführen, war hiernach unrichtig; der Beklagte war grundsätzlich berechtigt zu erklären, die Klägerin dürfe an Privatverbraucher in E. nur zu den von der Vereinigung der Kohlenhändler in E. festgesetzten Kleinverkaufspreisen liefern. Er hätte diese Behauptung nur dann nicht aufstellen dürfen, wenn die von der Klägerin übernommene Lieferung entsprechend den Ausführungsbestimmungen zum Kohlenwirtschaftsgesetz erfolgt wäre. Das war aber nicht der Fall, weil die vom Reichskohlenrat aufgestellten Voraussetzungen nicht erfüllt waren. Nach diesen ist die Bestellung bei einem Syndikat einzureichen und ist der Kaufpreis vor Lieferung zu zahlen. Das Erfordernis der Barzahlung konnte als erfüllt angesehen werden, da die bei der Bestellung gegebenen Wechsel vor der Lieferung eingelöst waren; die Bestellung war aber nicht bei einem Syndikat eingereicht worden. Die Frage, ob auch Lieferungen mit Lastkraftwagen zulässig sind, ließ das Reichsgericht offen. (II, 4. Mai 1938.) Amtl. Sammlg. S. 333—341.

53. **Öffentlichkeit der Verhandlung. Augenschein. Ortstermin. Niederschrift. Zeugenaussage.** (GVG. §§ 169, 172; ZPO. §§ 161, 164, 295, 551.) Auf einer Straße am Eingang eines Orts stießen ein Kraftwagen und ein Kraftrad zusammen. Der Eigentümer des Kraftwagens klagte auf Schadenersatz; der Eigentümer des Kraftrads begehrte mit Widerklage Erstattung von Heilungskosten. In zwei Rechtszügen drang die Klage durch und wurde die Widerklage abgewiesen. Das Reichsgericht verwies die Sache zurück. Das Berufungsgericht hatte die Einnahme eines Augenscheins an der Unfallstelle angeordnet; der dafür angesetzte Termin war auch für die Vernehmung von Zeugen und zur weiteren mündlichen Verhandlung bestimmt. Zu der Einnahme des Augenscheins und der Vernehmung der Zeugen am Unfallort wurden nur die am Rechtsstreit Beteiligten zugelassen. Dann begaben sich die Gerichtspersonen und die Prozeßbeteiligten in das Gemeindehaus; dort stand nur ein Zimmer zur Verfügung, in dem außer den Gerichtspersonen, den Parteien und ihren Angehörigen sowie den Rechtsanwälten keine weiteren Personen Platz fanden. Die Zeugenvernehmung wurde hier fortgesetzt. Nach einer Pause wurde die Unfallstelle nochmal besichtigt. Mit Zustimmung der Parteien wurden sodann die Zeugen entlassen und die Verhandlung im Gasthaus in einem größeren Zimmer fortgesetzt. In dieser Niederschrift war nicht vermerkt, ob die Verhandlung öffentlich gewesen war; das wurde nachträglich ergänzt. Diese Ergänzung war nicht als eine Fälschung der Niederschrift anzusehen; es handelte sich nur um eine Aufklärung der Vorgänge, die an sich hätten

festgestellt werden sollen. Die Niederschrift war nicht durch Anführung tatsächlicher Vorgänge berichtigt worden, sondern die Urkundspersonen hatten nur eine rechtliche Beurteilung dieser Vorgänge vorgenommen, die vom Reichsgericht nachgeprüft werden konnte. Das Reichsgericht kam zu dem Ergebnis, daß die Vorschriften über die Öffentlichkeit der Verhandlung nicht erfüllt worden waren. Der Grundsatz der Öffentlichkeit hat allerdings nicht die Bedeutung, daß der Zutritt jedermann und jederzeit zu gewähren ist; örtliche und räumliche Verhältnisse können die volle Verwirklichung des Grundsatzes der Öffentlichkeit verhindern. Bei der Ausübung des für die Einschränkung der Öffentlichkeit aus solchen Gründen notwendigen Ermessens muß dem Gericht im allgemeinen die Freiheit der Entschließung gewahrt bleiben. Eine Grenze findet dieses Ermessen aber da, wo für seine Ausübung Erwägungen maßgebend sind, die mit den örtlichen und räumlichen Verhältnissen in keinem Zusammenhang stehen. Zu Beginn des Termins hatten beide Parteien an der Unfallstelle mitgeteilt, daß sie zu ihrer Unterstützung Sachverständige mitgebracht hätten; diesen war die Teilnahme an der Verhandlung nicht gestattet worden. Das Berufungsgericht hatte das damit begründet, daß die Zuziehung der Sachverständigen durch die Parteien für überflüssig erachtet worden sei; diese Ausführung lag aber neben der Sache. Bei der Verhandlung im Gemeindehaus waren die beiden Sachverständigen gleichfalls nicht zugelassen worden. Zur Zeit der Verhandlung im Gasthaus hatte sich der eine von ihnen schon entfernt; der andere verließ, da der Vertreter der Gegenpartei gegen seine Anwesenheit Widerspruch erhob, gleichfalls das Zimmer. Die Ausführung des Klägers, daß der Beklagte die Verletzung des Grundsatzes der Öffentlichkeit nicht schon im Termin gerügt hatte, verdiente keine Beachtung. Auf die Befolgung der Vorschriften über die Öffentlichkeit der Verhandlung können die Parteien nicht wirksam verzichten. Die Auffassung, daß der Öffentlichkeit der Verhandlung nach heutiger Auffassung nicht mehr die Bedeutung zukomme, die ihr zur Zeit der Erlassung des Gerichtsverfassungsgesetzes beigelegt wurde, ist abzulehnen. Die Bedeutung, welche die Ausübung der Rechtspflege grundsätzlich für die Volksgemeinschaft hat, spricht keineswegs

dafür, daß diese jetzt über den vom Gesetz bestimmten Rahmen hinaus in der Möglichkeit beschränkt sein sollte, sich auch durch eigene Wahrnehmungen über den Gang des Verfahrens von der Rechtssicherheit zu überzeugen. Für die neue Verhandlung wies das Reichsgericht darauf hin, daß zwar die Feststellung der Zeugenaussagen in der Niederschrift über die Verhandlung unterbleiben durfte, weil die Vernehmung vor dem Prozeßgericht erfolgte und das Urteil der Berufung nicht unterlag, daß aber in diesem Falle die Wiedergabe der Zeugenaussagen im Urteil unerläßlich war und es nicht anging, sie auf das zu beschränken, was das Berufungsgericht für wesentlich hielt; die Wiedergabe mußte so erfolgen, daß nachgeprüft werden konnte, ob das Berufungsgericht bei der Beurteilung, inwieweit eine Aussage als wesentlich zu erachten sei, von rechtlich zutreffenden Gesichtspunkten ausging. (VI, 4. Mai 1938.) Amtl. Sammlg. S. 341—348.
Vgl. Bd. 47 S. 322; Bd. 52 S. 137; Bd. 54 S. 225; JW. 1937 S. 35.

54. Schadenersatz. Haftpflichtversicherung. Sicherheitsleistung. (BGB. §§ 232, 843; VersVertrG. §§ 105, 149, 157.) Wegen Verletzung durch einen Zusammenstoß von Kraftfahrzeugen wurde auf Schadenersatz geklagt. Das Berufungsgericht sprach dem Kläger eine Rente zu und verurteilte die Beklagten, dem Kläger eine Sicherheit von 25000 *RM* zu leisten. Das Reichsgericht verwies die Sache zurück. Die Bestimmung darüber, ob und in welcher Art und Höhe Sicherheit zu leisten ist, steht im Ermessen des Gerichts; sie kann aber mit Revision angefochten werden, wenn sie auf einem Rechtsirrtum beruht oder doch der Verdacht eines solchen Irrtums besteht. Die Beklagten hatten sich besonders darauf berufen, daß sie gegen Haftpflicht versichert waren. Das Berufungsgericht hatte anerkannt, daß kein Grund vorlag, in absehbarer Zeit mit einer Zahlungsunfähigkeit der Beklagten oder der Versicherungsgesellschaften (von denen sich allerdings eine im Ausland befand) zu rechnen; es hatte aber seine Anordnung damit begründet, daß die verhältnismäßig hohe Rente etwa 25 Jahre lang zu entrichten war und daß sich nicht vorhersehen ließ, welche Wandlungen die allgemeine Wirtschaftslage in dieser langen Zeit ausgesetzt sein werde, ob insbesondere durch die Devisengesetzgebung Zahlungen ausländischer Versicherungen an Reichsangehörige erschwert oder ganz unterbunden werden könnten. Da dem Urteil nicht zu entnehmen war, ob auch ein Teil dieser Gründe dem Berufungsgericht genügt hätte, die Sicherheitsleistung anzuordnen, machten rechtliche Bedenken gegen auch nur einen dieser Gründe die Aufhebung des Urteils und die Anordnung einer neuen Prüfung der Frage notwendig. Der Umstand, daß die Beklagten gegen Haftpflicht versichert waren, berechtigte keinesfalls zu einer Schlußfolgerung zu ihren Ungunsten. Die Haftpflichtversicherung soll den Versicherten für das schadlos halten, was er auf Grund seiner Verantwortlichkeit zu leisten hat und was daher zunächst feststehen muß. Wohl aber kann der Umstand, daß der Haftpflichtige Anspruch auf Versicherungsschutz hat, bei der Prüfung der Frage der Sicherheitsleistung zu seinen Gunsten berücksichtigt werden. Wenn die Beklagten bei verschiedenen Versicherungsgesellschaften versichert waren, konnte die Frage für jeden von ihnen verschieden beantwortet werden, je nachdem, welches Maß von Sicherheit für den Kläger die Ansprüche jedes der Beklagten gegen seinen Versicherer ihnen gewährten; aber auch wenn der dem einen Haftpflichtigen zu gewährende Versicherungsschutz keine hinreichende Gewähr für die dauernde Erfüllung der Ansprüche des Klägers bot, blieb zu prüfen, ob nicht der dem anderen Haftpflichtigen zu gewährende Schutz unter Beachtung des Umstandes, daß die beiden Beklagten als Gesamtschuldner hafteten, die Leistung einer Sicherheit für den Kläger entbehrlich machte. Da nach der tatsächlichen Annahme des Berufungsgerichts die hinter den Beklagten stehenden Versicherungsgesellschaften angesehen und gut fundiert, auch dem Reichsaufsichtsamt für Privatversicherungen unterstellt waren, konnte aus ihrer Geschäftslage kein Grund zur Anordnung einer Sicherheit entnommen werden; bei der ausländischen Gesellschaft war weiter zu berücksichtigen, daß diese verpflichtet war, einen Deckungsstock für inländische Versicherungen anzulegen, über den nur mit Genehmigung des Aufsichtsamts verfügt werden konnte. (VI, 7. Mai 1938.)

Amtl. Sammlg. S. 348—353.

Vgl. Bd. 63 S. 104; Bd. 136 S. 60.

55. Amtshandlungen. Jüdischer Beamter. Nichtigkeitsklage. (RBürgerG. vom 15. September 1936; 1. VO.

z. RBürgerG. §§ 1, 3, 4, 5; 2. VO. z. RBürgerG. § 5.) Bei einem am 14. November 1936 erlassenen Urteil hatte ein Richter mitgewirkt, der von drei volljüdischen Großeltern abstammte. Die hierauf gestützte Richtigkeitsklage hatte keinen Erfolg. Allerdings konnte der Richter selbst am 15. November 1935 kein öffentliches Amt, also auch kein Richteramt, mehr bekleiden; das erkennende Gericht war also nicht vorschriftsmäßig besetzt. Die zweite Verordnung zum Reichsbürgergesetz bestimmt aber ausdrücklich, daß Amtshandlungen, die gegen diese Vorschrift vorgenommen werden, nicht rechtsunwirksam sind. Der Entscheidung kam also die gleiche Kraft zu, wie wenn der Richter bei ihr noch die Fähigkeit zur Bekleidung des Richteramtes gehabt hätte. (IV, 16. Mai 1938.)

Amtl. Sammlg. S. 354—356.

56. Anfechtung der Ehelichkeit. Beweisangebot. (BGB. §§ 1593, 1594, 1596; EheG. vom 12. April 1938 §§ 3, 4, 26.) Durch Urteil des Landgerichts Berlin vom 22. November 1930 wurde eine Ehe geschieden; mit dem Ablauf des 11. Januar 1931 wurde das Urteil rechtskräftig. Am 12. Juli 1931 brachte die Ehefrau in Wien ein Kind zur Welt. Der frühere Ehemann wurde im September 1932 auf Ersuchen der österreichischen Behörde wegen Erstattung der Entbindungskosten seiner früheren Ehefrau vernommen und erhielt bei dieser Gelegenheit Kenntnis von der Geburt des Kindes, jedoch nicht von dem Tag der Geburt. Im Juni 1936 erhob er gegen das Kind Anfechtungsklage mit dem Antrag, festzustellen, daß die Beklagte nicht sein eheliches Kind sei. Das Kammergericht gab der Klage statt. Das Reichsgericht verwies die Sache zurück. Nach der neuen Fassung, die § 1594 BGB. durch das Gesetz vom 12. April 1938 erhalten hat, beginnt die Anfechtungsfrist nicht mehr mit dem Zeitpunkt, in welchem der Mann die Geburt des Kindes erfährt, sondern erst mit dem Zeitpunkt, in dem er Kenntnis von den Umständen erlangt, die für die Unehelichkeit des Kindes sprechen. Dem Manne muß also zum Bewußtsein gekommen sein, daß er nach dem Gesetz als der eheliche Vater des Kindes zu gelten hat. Die Vernehmung vom September 1932 hätte also die Anfechtungsfrist gegen den Kläger nur in Lauf setzen können, wenn er dabei auch erfahren hätte, daß die Beklagte schon 6 Monate nach der

Rechtskraft des Scheidungsurteils geboren war, so daß es also an ihm lag, Schritte zu tun, um die gesetzliche Folge, daß er als ehelicher Vater des Kindes zu gelten hatte, abzuwenden. Darüber hatte er damals nichts erfahren. Es konnte sich also nur darum handeln, ob er bei einer anderen Gelegenheit von dieser Tatsache Kenntnis erhielt. Dafür hatte die Beklagte Beweis angeboten; das Berufungsgericht hatte ihn aber abgelehnt. Das war rechtswidrig, da die Erwägungen, aus denen die Ablehnung erfolgte, eine unzulässige Vorwegnahme des Beweisergebnisses darstellten. (IV, 23. Mai 1938.)

Amtl. Sammlg. S. 356—359.
Vgl. Bd. 109 S. 394.

57. **Anwaltsassessor.** (RRAO. §§ 12, 13, 29, 34.) Ein Rechtsanwalt, der eine Weltreise antrat, bestellte mit einem Schreiben an den Präsidenten des Oberlandesgerichts einen Anwaltsassessor, der ihm zur Leistung des Anwärterdienstes zugewiesen war, als Vertreter. Als ihm mitgeteilt wurde, daß die Bestellung durch den Reichsminister der Justiz erfolgen müsse, richtete er an diesen ein entsprechendes Ersuchen. Ehe dem Ersuchen stattgegeben wurde, legte der Assessor für den Rechtsanwalt Berufung in einem Rechtsstreit ein. Sie wurde als unzulässig verworfen. Die sofortige Beschwerde hatte Erfolg. Ein Rechtsanwalt, der sich über eine Woche von seinem Wohnsitz entfernen will, hat für seine Vertretung zu sorgen und dem Vorsitzenden des Gerichts, bei dem er zugelassen ist, sowie dem Amtsgericht, in dessen Bezirk er wohnt, den Vertreter zu benennen. Dieser Verpflichtung war der Rechtsanwalt nachgekommen; er hatte nur übersehen, daß der Vertreter, weil die Vertretung mehr als drei Monate dauern sollte, durch den Reichsminister der Justiz zu bestellen war. Ob nicht schon seine Mitteilung an den Präsidenten des Oberlandesgerichts als ein an den Reichsminister der Justiz gerichtetes Gesuch hätte behandelt werden können, ließ das Reichsgericht offen. Die verfahrensrechtliche Wirksamkeit der vom Stellvertreter vorgenommenen Handlungen wurde nicht dadurch in Frage gestellt, daß der Rechtsanwalt die Vertretung anders geregelt hatte, als ihm durch die Vorschriften seines Standesrechts zur Pflicht gemacht worden war; es genügte, daß der Vertreter nach § 13 RRAO. gesetzlich berechtigt

war, die dem Rechtsanwalt zustehenden Anwaltsbefugnisse auszuüben. (IV, 30. Mai 1938.)

Amtl. Sammlg. S. 359—362.

58. **Pachtvertrag. Gebrauchspflicht. Mangel. Schankerlaubnis.** (BGB. §§ 242, 278, 323, 537, 549, 581; GaststättenG. § 1). Räume, in denen sich eine Schankwirtschaft befand, wurden im Jahre 1930 auf 12 Jahre an eine Brauerei verpachtet; diese verpachtete sie weiter an einen Gastwirt. Die Schankerlaubnis wurde dem Unterpächter erteilt. Dieser stellte Ende Oktober 1934 den Betrieb der Wirtschaft ein und verzichtete auf die Schankerlaubnis. Der Brauerei wurde die Schankerlaubnis mit der Begründung verweigert, daß bei der großen Zahl von Schankwirtschaften, die in unmittelbarer Nähe lagen, ein Bedürfnis für das Weiterbestehen der Wirtschaft nicht anzuerkennen sei. Die Brauerei trat daraufhin von dem Pachtvertrag zurück und stellte die Pachtzinszahlungen ein. Der Verpächter klagte auf Zahlung der Pachtzinsen bis einschließlich November 1937. Die Klage drang in allen Rechtszügen durch. Aus den besonderen Umständen des Falles war eine stillschweigende Vereinbarung der Parteien zu entnehmen, wodurch der Beklagten die Verpflichtung auferlegt wurde, die Schankwirtschaft während der ganzen Dauer des Vertrags zu betreiben. Durch die Schließung der altbekannten und vielbesuchten Wirtschaft wurde der Wert des Grundstücks außerordentlich herabgemindert. Die Brauerei hatte für das Verschulden ihres Unterpächters, dessen sie sich dem Kläger gegenüber als Erfüllungsgehilfen bedient hatte, wie für eigenes Verschulden einzustehen. Dem Unterpächter war die Schankerlaubnis noch vor dem Inkrafttreten des Gaststättengesetzes erteilt worden. Während der Dauer des Vertrags war für eine Prüfung der Bedürfnisfrage kein Raum, solange der Unterpächter die Wirtschaft ausübte und im Besitz der Schankerlaubnis blieb. Dadurch, daß der Unterpächter den Betrieb einstellte und auf die Schankerlaubnis verzichtete, war die Behörde in die Lage versetzt, die Bedürfnisfrage erneut zu prüfen und mangels Nachweises eines Bedürfnisses die Erteilung der Schankerlaubnis an eine andere Person zu versagen. Diese Versagung begründete einen Mangel des Hauses, in dem die Wirtschaft ausgeübt worden war. Aus dem das Pachtverhältnis be-

herrschenden Grundsatz von Treu und Glauben folgt, daß der Pächter sich von seiner Vertragspflicht nicht durch Berufung auf einen von ihm selbst verschuldeten Mangel der Pachtsache lossagen kann. Dem Unterpächter war bekannt, daß der Brauerei dem Kläger gegenüber eine Gebrauchspflicht oblag; in Ausübung dieser Gebrauchspflicht war er Erfüllungsgehilfe der Brauerei, und diese hatte für sein Verschulden einzustehen. Ob er mit seinem Vorgehen die Absicht verfolgte, den Verlust der Schankerlaubnis für die Pachträume herbeizuführen, war belanglos. (IV, 30. Mai 1938.) Amtl. Sammlg. S. 363—368. Vgl. Bd. 98 S. 287; Bd. 144 S. 176; JW. 1911 S. 359.

59. **Kommanditgesellschaft. Firma. Klagbefugnis.** (HGB. §§ 17, 124, 161; ZPO. § 264.) Die Kommanditgesellschaft A. & Cie., die aus A. als persönlich haftendem Gesellschafter und S. als Kommanditisten bestand, wurde aufgelöst; S. schied aus ihr aus und wurde abgefunden. Die Auflösung und die Bestellung des A. als Liquidator wurden in das Handelsregister eingetragen, nicht aber das Ausscheiden des S. Als A. namens der Gesellschaft eine Klage erhob, wurde geltend gemacht, daß die Gesellschaft nicht mehr bestehe. Das Berufungsgericht wies die Klage ab. Das Reichsgericht verwies die Sache zurück. Eine Kommanditgesellschaft bleibt auch nach ihrer Auflösung noch bestehen, soweit das der Abwicklungszweck erfordert; dieser ist mit der endgültigen Auseinandersetzung der Gesellschafter erfüllt. Die Auseinandersetzung kann auch in der Weise erfolgen, daß ein Gesellschafter das Gesellschaftsvermögen übernimmt und den anderen abfindet. Nach der Auseinandersetzung besteht die Gesellschaft nicht mehr; diese Wirkung tritt auch ein, wenn sie in das Handelsregister nicht eingetragen ist. Ansprüche, die zum bisherigen Gesellschaftsvermögen gehörten, konnten also nur noch von A. persönlich geltend gemacht werden. Das schloß aber nicht aus, daß er unter der bisherigen Firma klagte. Als Partei kam nur A. als Inhaber der Firma, nicht die Firma in Betracht; diese hat keine Rechtspersönlichkeit und dient nur zur Parteibezeichnung. Wenn A. der Firma A. & Cie. noch beisetzte: „Kommanditgesellschaft in Liquidation", so war das allerdings unzulässig, da ein solcher Zusatz zur Firma eines Einzelkaufmanns irreführend wirkt; ein Anlaß zur Abweisung der Klage

war aber hieraus nicht zu entnehmen. Aus dem Zusatz war allerdings zu entnehmen, daß A. die Klage nicht in eigenem Namen, sondern als Liquidator der aufgelösten Gesellschaft erheben wollte. Das rechtfertigte an sich, daß das Berufungsgericht die Klage angebrachtermaßen abwies. Zu prüfen blieb aber, ob nicht A. nach Aufklärung der Sachlage befugt war, persönlich an Stelle der nicht mehr bestehenden Gesellschaft in den Rechtsstreit einzutreten. Ein solcher Wechsel der Parteirolle ist als Klageänderung anzusehen. Gegen sie bestehen insbesondere dann keine Bedenken, wenn sich herausstellt, daß die Klage für eine nicht bestehende Person erhoben worden ist und dann an deren Stelle der wirklich Berechtigte eintreten will, der den Rechtsstreit schon bisher geführt hat und auf dessen Kosten deshalb die bisherige Prozeßführung gehen würde; Voraussetzung ist nur, daß die Gegenpartei zustimmt oder das Gericht die Klageänderung als sachdienlich zuläßt. (II, 25. Mai 1938.)

Amtl. Sammlg. S. 369—379.

Vgl. Bd. 49 S. 276; Bd. 54 S. 17; Bd. 86 S. 65; Bd. 104 S. 341; Bd. 108 S. 350; Bd. 141 S. 277; Bd. 144 S. 71; JW. 1903 S. 64; 1935 S. 2896.

60. Verjährung. Stillstand des Verfahrens. (BGB. § 211; ZPO. §§ 251, 251 a). Eine Aktiengesellschaft fiel in Konkurs. Ein Aktionär erhob gegen Mitglieder des Aufsichtsrats Klage auf Schadenersatz mit der Begründung, daß sie ihn durch bewußt unwahre Angaben über den Stand des Unternehmens getäuscht hätten. Mit Rücksicht auf eine schon anhängige gleichartige Klage eines anderen Aktionärs wurde zwischen den Parteien vereinbart, daß die Sache vorerst nicht weiter betrieben werden solle; im Termin zur Verhandlung erschien demgemäß keine der Parteien. Erst vier Jahre später wurde die Sache wieder aufgenommen. Die Klage wurde wegen Verjährung abgewiesen. Mit der Feststellung in der Niederschrift über die letzte Verhandlung, daß niemand erschienen sei, trat Stillstand des Verfahrens ein. Damit endigte die durch die Klagerhebung bewirkte Unterbrechung der Verjährung und die Frist für diese begann neu zu laufen. Der Auffassung, daß hierfür ein Gerichtsbeschluß notwendig gewesen wäre, durch den das Ruhen des Verfahrens angeordnet wurde, trat das Reichsgericht nicht bei. Allerdings ist durch die Gesetzgebung des Jahres 1934 den Parteien die Möglichkeit genommen worden, nach Belieben das Ruhen des Verfahrens zu vereinbaren oder durch Untätigkeit herbeizuführen; wenn aber das Gericht von der Möglichkeit, den Rechtsstreit trotz Ausbleibens der Parteien fortzusetzen, keinen Gebrauch macht, sondern stillschweigend die ihm bekannte Absicht der Parteien billigt, ist eben der Stillstand des Verfahrens eingetreten. Daß das Gericht wiederholt anfragte, ob die Sache weiter betrieben werden sollte, unterbrach die Verjährung nicht; hierfür wäre eine den Rechtsstreit weiterbetreibende Parteihandlung erforderlich gewesen. (II, 16. März 1938.)

Amtl. Sammlg. S. 379—384.

Vgl. Bd. 128 S. 191; Bd. 136 S. 193; Bd. 145 S. 241.

61. Landwirtschaftliche Entschuldung. Rechtskraft. (LandwSchuldRegG. §§ 51, 99; 6. OsthDurchfVO. § 7.) Eine Bank hatte gegen einen Rittergutsbesitzer eine Forderung von 32270 *RM*. Im Jahre 1931 erhielt sie in einem nach den damaligen Osthilfevorschriften durchgeführten Verfahren 16170 *RM* aus dem Umschuldungshypothekenfonds ausbezahlt. Sie eröffnete daraufhin der Ehefrau des Schuldners ein laufendes Konto, zu dessen Lasten diese an ihren Ehemann 16100 *RM* überweisen ließ; der Ehemann übernahm dafür die selbstschuldnerische Bürgschaft. Im Jahre 1933 wurde das Entschuldungsverfahren wieder aufgenommen. Die Bank meldete dazu aus der Bürgschaft eine Forderung von 15650 *RM* an. Der Entschuldungsplan ging auf die ursprüngliche Forderung der Bank von 32270 *RM* zurück, ordnete eine Rückerstattung dieser Forderung von 50% an und stellte fest, daß sich die Bank hierauf die 1931 erhaltenen 16170 *RM* anrechnen lassen müsse, also nichts mehr zu fordern habe. Während des Entschuldungsverfahrens starb der Schuldner und wurde von seiner Ehefrau beerbt. Gegen diese klagte die Bank auf Zahlung von 16100 *RM*. In allen Rechtszügen wurde die Klage abgewiesen. Die nach der Zahlung der 16170 *RM* getroffene Regelung sollte bewirken, daß die noch bestehende Schuld des Ehemanns erlöschen, die Beklagte an seiner Stelle Schuldnerin werden und der Ehemann für die Schuld als Bürge haften solle. Im Entschuldungsverfahren wurde aber die ursprüngliche Schuld um 50% gekürzt und für getilgt erklärt. Ob das rechtlich einwandfrei war, konnte im vorliegenden Verfahren nicht geprüft werden. Mit der Bestätigung des Entschuldungsplanes stand gegenüber der Klägerin als am Verfahren beteiligter Gläubigerin fest, daß ihre sämtlichen Ansprüche gegen ihren ursprünglichen Schuldner oder dessen Erben, sei es aus der alten Schuld, sei es aus der Bürgschaftsschuld, erloschen waren. Der durch die Rechtskraftwirkung des Entschuldungsplanes geschaffenen Rechtslage hatten die getroffenen Vereinbarungen zu weichen. (VII, 31. Mai 1938.)

Amtl. Sammlg. S. 385—389.

62. Immunität. Staatsschiffe. Charterung. Zuständigkeit. Prozeßhindernde Einrede. (BrüssAbk. vom 10. April 1926; ZPO. §§ 263, 274, 275, 303, 512 a, 549; GVG. § 18.) Die Regierung eines Staates charterte einen Dampfer, der einer Reedereigesellschaft des Staates gehörte, zu dem Zweck, Kohlen für ihre Kriegsmarine beizuschaffen. Der Dampfer stieß in der Nordsee mit einem deutschen Schiff zusammen; dieses wurde so schwer beschädigt, daß es sank. Die Eigentümer des Schiffes klagten gegen die ausländische Gesellschaft auf Duldung der Zwangsvollstreckung in den Dampfer für ihre Schadenersatzforderung, hilfsweise auf Zahlung des verlangten Betrags. Die beklagte Gesellschaft bestritt die sachliche wie die örtliche Zuständigkeit des deutschen Gerichts. Die Einrede wurde durch Zwischenurteil verworfen. Die beklagte Gesellschaft legte Berufung ein. Die Klägerin beantragte Verwerfung der Berufung, weil diese nach § 512 a ZPO. unzulässig sei. Das Berufungsgericht wies die Berufung als unbegründet ab. Die Revision der beklagten Gesellschaft hatte keinen Erfolg. Die Einrede war trotz ihres Wortlauts nicht als eine Bestreitung der örtlichen oder sachlichen Zuständigkeit des Gerichts, sondern als eine auf Vorschriften des Völkerrechts gestützte Behauptung des Mangels eines Rechts zur Entscheidung (facultas jurisdictionis) anzusehen; sie besagte inhaltlich, daß eine individuelle Befreiung von der deutschen Gerichtsbarkeit gegeben sei, weil der Dampfer als immunes Staatsschiff betrachtet werden müsse. Eine völkerrechtliche Befreiung von der einheimischen Gerichtsbarkeit muß selbst dann beachtet werden, wenn auch im Ausland keine Möglichkeit der Rechtsverfolgung besteht. Durch das Brüsseler Abkommen ist vereinbart, daß Ansprüche aus Schiffszusammenstößen bei den zuständigen Gerichten des Staates, dem das Schiff gehört oder der es verwendet, geltend gemacht werden können, ohne daß der Staat sich auf seine Immunität berufen kann. Das Abkommen ist für das Deutsche Reich seit dem 8. Januar 1937 wirksam; die deutschen Gerichte haben es auch zugunsten der Staaten anzuwenden, die sich ihm nicht angeschlossen haben. Da die Immunität eines ausländischen Staatsschiffes weder unter die örtliche noch unter die sachliche Zuständigkeit eines deutschen Gerichts fällt, waren die Vorschriften, durch welche die Anfechtung von Entscheidungen über die Zuständigkeit beschränkt ist, nicht anwendbar; wohl aber entsprach es einem dringenden praktischen Bedürfnis, eine besondere Verhandlung und Entscheidung über diese Einrede zuzulassen. Daraus ergab sich die selbständige Anfechtbarkeit des Zwischenurteils und die Zulässigkeit der Berufung. Nach älterem Völkerrecht war weder die beklagte Gesellschaft von der Zahlungsklage noch ihr Schiff von der dinglichen Klage befreit; ebensowenig war bis zum Brüsseler Abkommen ein von einem fremden Staat nur gechartertes Schiff, selbst wenn es ausschließlich für öffentliche Zwecke verwandt wurde, der inländischen Gerichtsbarkeit entzogen. Als Staatsschiff, das Anspruch auf Immunität hat, war von der Rechtsprechung nur ein im Eigentum des fremden Staates stehendes Schiff anerkannt. Das Brüsseler Abkommen stellt grundsätzlich die einem Staat gehörigen und die von ihm verwendeten Seeschiffe den privaten Schiffen gleich; eine Ausnahme wird nur für Schiffe gemacht, die zur Zeit der Entstehung der Forderung ausschließlich einem staatlichen Dienst gewidmet sind. Das Berufungsgericht hatte angenommen, daß der Begriff der Verwendung (exploitation) nur dann erfüllt sei, wenn das Schiff „sous les ordres ou sous le contrôle“ des Staates stehe. Das Reichsgericht nahm hierzu keine Stellung, weil die Frage durch das Zusatzprotokoll zum Brüsseler Abkommen näher geregelt ist. Hienach können die von einem Staat auf Zeit oder für eine Reise gecharterten Schiffe, falls sie ausschließlich zu einem staatlichen Dienst und nicht zu Handelszwecken bestimmt sind, zwar nicht Gegenstand irgendwelcher Beschlagnahmen, Arreste oder Zurückhaltungen sein; diese Immunität soll aber in keiner Weise alle anderen den Beteiligten etwa zustehenden Rechte oder Rechtsmittel beeinträchtigen. Zu den hienach unberührt gebliebenen Rechtsbehelfen gehört sowohl die dingliche Klage als auch die persönliche Klage gegen den Eigentümer des Schiffs. Hinsichtlich des eine Verurteilung der beklagten Gesellschaft zur Zahlung begehrenden Klagantrags unterlag der Einwand der Zurückweisung schon deshalb, weil sich das Brüsseler Abkommen nur mit Staaten und Staatsschiffen, nicht aber mit privaten Gesellschaften befaßt. (I, 16. Mai 1938.)

Amtl. Sammlg. S. 389—404.

Vgl. Bd. 93 S. 151; Bd. 103 S. 274; Bd. 110 S. 317; Bd. 126 S. 196; Bd. 150 S. 268; Bd. 154 S. 302; JW. 1928 S. 1337; 1931 S. 150, 2516; 1936 S. 1291.

Gesetzesregister.

93 Die klein gedruckten Ziffern verweisen auf die Seiten d. amtl. Sammlung.

Seitenzahlen der amtlichen Sammlung.

1 1—5; **2** 6—11; **3** 11—14; **4** 14—22; **5** 23—24;
6 24—33; **7** 33—39; **8** 40—51; **9** 52—60; **10** 61—64;
11 65—67; **12** 67—77; **13** 78—82; **14** 83—89;
15 89—96; **16** 96—99; **17** 99—106; **18** 106—120;
19 120—128; **20** 129—132; **21** 132—136; **22** 136—141;
23 141—145; **24** 145—153; **25** 154—159; **26** 160—161;
27 161—168; **28** 168—173; **29** 173—175; **30** 175—179;
31 179—187; **32** 187—192; **33** 193—197; **34** 197—206;
35 207—213; **36** 213—228; **37** 228—242; **38** 242—244;
39 244—245; **40** 246—256; **41** 257—266; **42** 266—271;
43 272—282; **44** 282—287; **45** 287—294; **46** 294—297;
47 297—305; **48** 305—310; **49** 310—313; **50** 314—320;
51 321—333; **52** 333—341; **53** 341—348; **54** 348—353;
55 354—356; **56** 356—359; **57** 359—363; **58** 363—368;
59 369—379; **60** 379—384; **61** 385—389; **62** 389—404.

Sachregister.